Tyrfang Hollydragon

BRUXARIA URBANA

Guia de magia, rituais e ativismo mágico para jovens bruxos que vivem nas grandes cidades

BRUXARIA URBANA

Guia de magia, rituais e ativismo mágico para jovens bruxos que vivem nas grandes cidades

Publicado em 2022 pela Editora Alfabeto

Direção Editorial: Edmilson Duran
Consultor Editorial: Claudiney Prieto
Capa: César Oliveira
Diagramação e finalização: Nany Moscon
Revisão de Textos: Luciana Papale

DADOS INTERNACIONAIS DE CATALOGAÇÃO NA PUBLICAÇÃO (CIP)
Angélica Ilacqua CRB-8/7057

Hollydragon, Tyrfang
Bruxaria urbana: guia de magia, rituais e ativismo mágico para jovens bruxos que vivem nas grandes cidades / Tyrfang Hollydragon.
São Paulo: Alfabeto, 2022.

Bibliografia
ISBN 978-65-87905-46-4

1. Wicca 2. Ciências ocultas 3. Magia I. Título

22-5409   CDD 299.94

Índices para catálogo sistemático:
1. Wicca

Todos os direitos reservados, proibida a reprodução total ou parcial por qualquer meio, inclusive internet, sem a expressa autorização por escrito da Editora.

EDITORA ALFABETO
Rua Protocolo, 394 | CEP 04254-030 | São Paulo/SP
Tel: (11) 2351-4168 | editorial@editoraalfabeto.com.br
Loja Virtual: www.editoraalfabeto.com.br

DEDICATÓRIA

Dedico essa obra a minha esposa Carol Luanin, por seu apoio, pelos apontamentos necessários e por acreditar em mim sempre.

Seguimos dançando a inefável canção entre Fada e Dragão. A natureza selvagem do coração e a força bruta da criação Dança- mos criando universos e aumentando o infinito. Tornando o im- possível, a realidade e os sonhos, verdades!

AGRADECIMENTOS

Agradeço aos Deuses Thor, Brigit e a Xangô pela inspiração divina.

E também a Chlann Ashling Dé Danann, Tradição de Bruxaria da qual sou um dos fundadores, e à Tradição Gardneriana no Brasil – que hoje me acolhe no seio de sua comunidade –, por todo apoio, amizade e amor.

Agradeço a Ordo Draconis Belli, meus irmãos de combates medievais, e ao Coletivo Mãe Terra, companheiros de luta e resistência.

Minha gratidão a Claudiney Prieto, meu primeiro Sacerdote, meu amigo e irmão na Arte; ao querido Babá Diego de Airá; ao Druida Marcelo Cuchulainn, que estendeu sua mão na senda dos antigos mistérios da Terra, e a Vee Dub, minha querida Lady V, que hoje está entre os Coelhos das Estrelas, olhando por nós. Quatro Sacerdotes que me inspiram e fazem parte da minha história.

E à estrela maior que habita em meu coração e me inspira com sua alegria, energia e força, o nosso pequeno trovão, meu filho Thor.

AGRADECIMENTOS ADICIONAIS

Gostaria também de agradecer a todos que contribuíram para que este projeto se tornasse realidade, lendo partes dele antes de finalmente ficar pronto, viabilizando sua construção e realização, e incentivando-me a concluí-lo. Essas pessoas contribuíram de diversas maneiras, seja com ilustrações, críticas construtivas, incentivos e sugestões:

Obrigado Etienne, querida Bevin, "Suprema do Tik Tok", por ter me aturado não só no projeto do livro, mas desde 2018, quando você embarcou na loucura do Coletivo Mãe Terra e do Projeto Dia do Orgulho Pagão, tornando-se desde então parte da família.

Rafael "para sempre Edan" Espadini, obrigado pelas ideias e incentivo.

Aos geniais Renata, Maraska, Elaine, Augusto e Hiléia, gratidão por suas ilustrações fantásticas feitas para o livro e por todo apoio.

Obrigado Flávio Lopes e Aidos "Cauêzinho" Loukios pela leitura, comentários e pelo apoio incondicional.

Agradeço a todos que acreditaram e ainda acreditam em uma sociedade justa, solidária, fraterna, igualitária e livre, e que seguiram defendendo isso por toda vida , inspirando sempre novas sementes a brotar, ainda que em meio ao asfalto e a fumaça sufocante do caos urbano:

Obrigado Chico Mendes, Dorothy Stang, Jacques Cousteau, Emiliano Zapata, Aimberê, Tupac Amaru, Sepé Tiarajú, Pepe Mujica, Noam Chomsky, Mikhail Bakunin, Vladimir Lênin, Leonardo Boff, Padre Júlio Lancelloti, Carlos Marighella, Starhawk, Malala Yousafzai, Nestor Makhno, Thomas Sankara, Malcolm X, Frederik Douglass, Marielle Franco, Zilda Arns, Evo Morales, Raoni Metúktire, Angela Davis, Subcomandante Marcos, Augusto Sandino, Yasser Arafat, Rosa de Luxemburgo, Olympe de Gouges, Ailton Krenak, Plínio de Arruda Sampaio e tantas e tantos outros companheiros de luta.

SUMÁRIO

Prefácio | **15**

Preâmbulo | **21**

Introdução | **25**

Capítulo 1: Como praticar Bruxaria vivendo nas grandes cidades? | **29**

    Conexão para buscar a essência sagrada urbana | **34**

Capítulo 2: Ativismo mágico | **37**

    O que podemos fazer? | **41**

Capítulo 3: Da caverna ao concreto | **45**

    Ritual para pedir passagem aos Guardiões da sua Urbe | **48**

Capítulo 4: Da mágica aldeia do planalto de Piratininga ao caos metropolitano | **53**

    Processo de cura para uma metrópole ferida e envenenada | **55**

    Ritual de cura para a cidade: novena de harmonização e busca do equilíbrio local | **56**

Capítulo 5: Terra, Ar, Fogo e Água | **61**

    Terra: parques, praças e terrenos baldios - ilhas verdes em meio ao concreto | **62**

Práticas Mágicas com a Terra: o que fazer magicamente? | **67**

AR: essa fantástica fonte de vida que está ficando cinza e pesada | **69**

Práticas Mágicas com o Ar: o que fazer magicamente? | **72**

FOGO: o sol que nos aquece, fertiliza o solo e age implacavelmente sobre o asfalto e o aquecimento global | **74**

Práticas Mágicas com o Fogo: o que fazer magicamente? | **76**

Fogueira da Memória | **77**

Círculo de Fogo | **78**

ÁGUA: hidrografia sagrada urbana – as veias e artérias de uma cidade | **79**

Práticas Mágicas com a Água: o que fazer magicamente? | **82**

Capítulo 6: A magia selvagem que habita nossas cidades | 87

Ritual para se conectar com a essência natural original e selvagem que reside na selva urbana | **90**

Capítulo 7: A magia da fauna e flora urbanas | 93

Sugestão Mágica | **96**

Alimentando-se de forma sagrada | **96**

Animais de Poder Urbanos | **98**

Meditação para contato com os Totens Sagrados | **104**

Capítulo 8: Seres mágicos urbanos | 107

Montando um jardim das fadas | **110**

Os Dragões da cidade | **111**

Montando um ninho dos Dragões | **112**

Seres Mágicos de Pindorama: e por que eles não são apenas criaturinhas do folclore? | **114**

Capítulo 9: Organização e práticas mágicas no caos urbano | 119

Nossa casa, nosso templo: minha casa, sua casa | **122**

A violência cotidiana: cura para locais marcados por agressões e crimes | **126**

Práticas mágicas para curar locais feridos | **128**

Um altar em sua casa para práticas cotidianas | **130**

Como montar seu altar sem sofrimento | **131**

Capítulo 10: A Bruxaria da quebrada | 135

Capítulo 11: Ancestralidade urbana | 139

Altar para ancestrais | **142**

Palavras finais | 145

Apêndice | 151

Bibliografia | 157

PREFÁCIO

Ao longo de 30 anos como Bruxo, tenho organizado rituais públicos em locais urbanos como parques, salões e centros de convenções em hotéis. Quando digo às pessoas que prefiro ritualizar nestes locais seguros ou no conforto do meu lar, uma interjeição recorrente das pessoas é: "Ué..., mas Bruxos não fazem rituais na natureza?!"

Parece que existe todo um construto no imaginário popular de que praticar Bruxaria no contexto urbano é praticamente um pecado. A verdade é que, desde o renascimento da Wicca na Inglaterra do século passado, a Arte sempre tem sido praticada nos grandes centros urbanos. Gardner se reuniu por muito tempo com seu grupo no porão da livraria Atlantis, em pleno centro de Londres, e posteriormente em um de seus apartamentos na mesma cidade. Alex Sanders reuniu por anos a fio o seu Coven em seu apartamento, em uma das mais proeminentes cidades inglesas, Manchester. Raymond Buckland, quando levou a Wicca para os Estados Unidos, encontrava-se com sua comunidade em plena Nova Iorque. Há registros de importantes movimentos da comunidade Pagã facilitando rituais coletivos no Central Park, na baía de San Francisco, em Los Angeles e em muitos outros centros urbanos.

Mesmo no Brasil, em meados da década de 1990, rituais abertos eram celebrados em parques, como o Ibirapuera e o Trianon, ou em praças, como a Benedito Calixto, todos localizados na maior capital do Brasil, São Paulo.

Ainda que aos olhos dos mais puristas isso possa parecer uma traição enorme à uma religião da natureza, o fato é que isso expressa exatamente o contrário. Esta visão, que engloba a cidade como um espaço totalmente sagrado, traz à tona um dos maiores princípios da Bruxaria: tornar os espaços urbanos mais naturais na certeza de que os Deuses estão presentes em tudo. As deidades da Arte não vivem somente no interior das florestas selvagens, nos círculos de pedras ou nas colinas sagradas. Elas se fazem presentes em toda parte. Estão na água da sua torneira, nas plantas do seu jardim, no fogo da sua cozinha e em cada parte do seu lar. A paisagem urbana também traz o divino para perto de nós diariamente, e todos aqueles que não conseguem enxergar o sagrado no mundano estão perdendo uma grande oportunidade de tornar suas vidas em uma experiência verdadeiramente mágica.

Bruxaria Urbana cumpre com maestria a função de fornecer alternativas viáveis para praticar sua espiritualidade de forma prática e intuitiva no cenário urbano, enquanto você tem a oportunidade de curar as feridas das grandes cidades, provocadas pelo nosso modo de viver moderno, totalmente desenfreado e fora de sintonia com as forças da vida.

Com rituais, meditações, exercícios e dicas para viver uma vida mais natural nos grandes centros metropolitanos, esta obra é um sopro de alento, capaz de reacender em nós a chama da esperança de que podemos forjar um futuro melhor. Com os ensinamentos aqui assimilados será possível entender as formas mágicas e efetivas que podemos colocar em prática para que as futuras gerações possam viver em cidades menos agressivas, poluídas e desumanas.

Você sempre se perguntou como, efetivamente, motivar as pessoas do seu bairro a se engajarem em ações concretas para tornar a área em que vivem um lugar mais limpo, seguro e agradável?

Quer usar magia para colocar mais consciência na mente dos governantes, a fim de criar um mundo mais equânime e justo?

Procura saber como despertar os espíritos da natureza que vivem na sua cidade, para se tornarem verdadeiros aliados em sua experiência espiritual?

Então você está no caminho certo. Essas e tantas outras perguntas são respondidas aqui!

Este livro despertará no leitor o ativista mágico que existe no interior de cada Bruxo, dando nascimento a um número infindável de guardiões da Terra que, com os aprendizados aqui adquiridos, poderão mudar a face da dura realidade que vivemos.

Delicie-se nesta leitura indispensável no seu caminho como Bruxo Urbano e torne-se a mudança que você tanto deseja ver no mundo.

Boa leitura!
Claudiney Prieto

"A Terra é um ser vivo e consciente. Juntamente a culturas de diferentes tempos e lugares, denominamos como 'coisas sagradas' os quatro elementos: Ar, Fogo, Água e Terra.

Quer as vejamos como respiração, energia, sangue e corpo da Mãe, quer como dádivas abençoadas de um Criador, quer como símbolos dos sistemas interligados que mantêm a vida, sabemos que nada pode viver sem esses elementos.

Chamar essas coisas de sagradas equivale a dizer que elas têm um valor além de sua utilidade para os fins humanos, que elas próprias se tornam os padrões pelos quais nossos atos, nossa economia, nossas leis e nossos propósitos devem ser julgados. Ninguém tem o direito de se apropriar ou de se beneficiar delas às custas dos outros. Qualquer governo que falha em protegê-las perde sua legitimidade."

Trecho da Declaração das Quatro Coisas Sagradas,
A Quintessência Sagrada – Starhawk

PREÂMBULO

Comecei a escrever este livro no ano de 2011 e acabei por deixá-lo de lado. Devido à pandemia, em decorrência do Coronavírus e do consequente isolamento social e quarentena que se abateu sobre todos nós, vi-me motivado a aproveitar o tempo ocioso e reunir os diversos manuscritos e documentos que eu havia digitado ao longo desse intervalo de tempo, dando continuidade, assim, ao antigo projeto de escrever esta obra, por acreditar que ela é relevante e se faz necessária mais do que nunca neste momento. Nove anos se passaram entre o início deste projeto e sua conclusão. E muita coisa mudou: a vida, o mundo e eu, tudo mudou!

É fato que algumas coisas melhoraram, já outras nem tanto. Ao longo deste tempo, tornou-se claro que boa parte dos brasileiros têm simpatia por agendas fascistas, racistas, machistas, LGBTfóbicas e ainda, defendem a pena de morte e o retorno da ditadura. Alguns são até mesmo antivacinas e contra o aborto em quaisquer circunstâncias, isso em pleno século 21.

Ao longo desses anos percebemos um aumento exponencial nas redes sociais na quantidade de "místicos instantâneos", "esquisotéricos internéticos" e "instagrammers poderosíssimos", com pouco ou nenhum conhecimento mágico de fato, que fazem uso dos cristais e atuam como Bruxas e Bruxos na internet glamourosa da moda, vendendo magia e espiritualidade líquida.

Todas as vezes que falamos ser necessário ler livros de referência, buscar informações em autores conhecidos e notórios, recorrer a fontes acadêmicas e clássicas, buscar por estudos organizados e sistematizados, os olhos de alguns dos jovens Bruxos reviram para cima em desprezo e somos tachados de "ditadores e fiscais da fé alheia" ou, ainda, de "donos da verdade".

Neste mar de confusão e ignorância, no entanto, existem aqueles que fazem perguntas sérias, que desejam ir além e que não querem receitas prontas. Tem muita gente buscando realmente um caminho de fé sério e que seja capaz de proporcionar o verdadeiro autoconhecimento. Mas em meio a tudo isso, infelizmente, não é de se admirar que diariamente nos deparamos com vítimas de charlatões, assediadores, estelionatários e golpistas do mundo mágico. Muitos buscam por ajuda e um norte por estarem perdidos depois de terem sido vítimas desses enganadores, que com seus mantos bonitos ostentam títulos falsos e estão repletos de intenções criminosas.

Como se tudo isso já não fosse suficiente, temos visto a natureza ser mais e mais agredida, as cidades se tornando mais poluídas, esmagadas e oprimidas, e as pessoas sendo cada vez mais objetificadas, individualizando-se e perdendo completamente o senso de união, fraternidade, compaixão e solidariedade.

Oprimidos pela sanha do capitalismo neoliberal, as pessoas são esmagadas pela exploração mundial que exige o máximo que elas podem oferecer sem que lhes seja pago o mínimo necessário por sua dignidade. É um tempo de desencanto.

Mas como este não é um libelo político, mas, sim, um livro de práticas espirituais mágico-religiosas, sigamos em frente lembrando, contudo, de que a simples existência das Bruxas é um ato de resistência política, um ato anárquico e libertário contra tudo e contra todos que desejam nos calar.

Porém, sem tentar contradizer o parágrafo anterior, posso até afirmar que sim, este não deixa de ser um manifesto político, porque nos apresenta caminhos de resistência e formas de luta pela nossa própria sobrevivência.

Não dá para ser neutro. Temos que ter, sim, um posicionamento que expresse nossa essência em sua plenitude. Isso nos coloca muitas vezes à esquerda em uma régua política simples em linha reta. Mas se analisarmos os contextos como um gráfico, podemos até dizer que é possível existir Bruxos de direita que se mantêm dentro de aspectos liberais aceitáveis nas questões sociais e culturais, criando impactos e mudanças globais. Então, acreditamos nas liberdades individuais, na diversidade, na multiculturalidade, na força da miscigenação, na força dos povos tradicionais e originários, na ciência como presente de inspiração divina, assim como no resgate de tradições sagradas e de saberes tradicionais que precisam ser preservados, porque são legados inestimáveis à toda humanidade.

Somos a centelha divina manifestada na carne.

Somos a força da transformação!

INTRODUÇÃO

Esta obra tem por objetivo mostrar que nem só de áreas verdes e intocáveis, com pouca ou nenhuma modificação feita pelos humanos, vive a Bruxaria.

É inegável que a grande maioria dos Bruxos e Bruxas praticantes atualmente vive em áreas urbanas, em grandes e movimentados centros ou em pequenos municípios, onde a ação humana é intensa e percebida por todos os sentidos. Logo, a realidade idílica em se estar num ambiente calmo, limpo, despoluído, intocável para praticar a espiritualidade ou simplesmente meditar é algo cada vez mais raro, infelizmente.

Já que estamos aqui, na cidade, no ambiente urbano, por que não utilizar as ferramentas que temos disponíveis para fazer acontecer a magia que tanto queremos ver florescer no mundo?

Os Deuses estão em todos os locais. A Grande Mãe é tudo: a floresta intocada e virgem, os rincões da Amazônia, mas também o lixão que fica na entrada da sua cidade. Ela é a vida e a morte, o campo e a cidade, a aldeia e o condomínio, o Rio Amazonas e o córrego do Sapateiro em São Paulo.

Enquanto nossas práticas religiosas acontecem em nossas casas, nas praças, sobre um extenso chão de concreto, o *ethos* do Paganismo contemporâneo está centrado com frequência na reconexão dos seres humanos com a natureza, quase que em sua forma inviolável. Mas e quanto às cidades? Elas são menos sagradas ou até mesmo consideradas profanas para os Pagãos modernos?

É necessário lembrar que as práticas mágicas e religiosas da Antiguidade não eram feitas exclusivamente nas áreas rurais. Eram também realizadas nas urbes, nas pólis, nas cidades-estados. A maioria dos Templos sumerianos, babilônios, gregos, romanos, egípcios, hindus, maias, incas e astecas ficavam em ambientes urbanos, com suas práticas sendo realizadas constantemente em suas cidades, dentro de um contexto político e social. Ainda que o Paganismo contemporâneo tenha um apelo de reconexão com as forças da natureza, não podemos fazer vistas grossas para esse passado urbano das religiões antigas. Precisamos resgatar o elo entre os Deuses e as cidades, assim como nossos ancestrais faziam. Vamos olhar para aquilo que se apresenta diante de nossos olhos, sob nossos pés e sobre nossas cabeças e enxergar toda a sacralidade existente ali, como ponte de conexão com o divino que habita dentro e fora de nós.

Longe de ser um manual com receitas prontas, este livro é, na verdade, um incentivo inicial para o desenvolvimento de uma prática mágico-ativista, ecocentrada, sustentável e libertária de nossa fé. Ele propõe um caminhar que nos leve ao "bem viver", adaptado para o contexto urbano, mas dentro dos limites de nossas comunidades e sendo partilhadas com nossos irmãos e irmãs de diversos outros caminhos.

Convido você a mergulhar comigo neste universo fantástico que traz uma revisão revolucionária de como ser um Bruxo ou Bruxa nas grandes cidades, sem perder a essência da conexão com as forças da natureza e o referencial da Bruxaria como espiritualidade centrada na Terra.

CAPÍTULO 1

COMO PRATICAR BRUXARIA VIVENDO NAS GRANDES CIDADES?

Essa é uma pergunta que pode gerar milhões de respostas, mesmo porque, uma maioria massificada de Bruxas e Bruxos mora hoje em dia em grandes cidades cinzentas.

Eu sei que parece superbacana ficar em casa, sozinho ou com seu grupo fazendo poções e feitiços, entoando encantamentos e bênçãos, e quem sabe até algumas maldições. Mas além disso, diga-me: o que você faz pela cidade onde mora?

Essa é a grande pergunta que não quer calar!

É fácil dizer que temos uma religiosidade ecocentrada, e que nos importamos com a natureza, defendemos os animais, enquanto plantamos árvores por meio de sites na Internet e reciclamos latinhas de alumínio de refrigerantes e cervejas para nos sentirmos mais ecológicos e em maior sintonia com uma religião da natureza. Mas é só isso?

Nós nos restringimos aos discursos e às modas, mas efetivamente não olhamos para o futuro e para o passado no intuito de predizermos o que realmente pode acontecer se o mundo não mudar sua postura e continuar a consumir, destruir, poluir enquanto apenas emitimos discursos vazios e reciclamos algumas "coisinhas".

Posso estar parecendo incendiário neste início de jornada, ou até mesmo presunçoso, para alguns. Eu sei que de fato existem aqueles que, dentro do nosso mundo Pagão, realizam ações efetivas para salvar o Planeta. Muitos são realmente engajados e até criam grupos em defesa de causas importantes. Mas a grande maioria fica apenas no discurso e nas palmas e não se engaja em grandes coisas, tão pouco realiza pequenas ações que podem fazer grandes diferenças.

Nesse sentido, trata-se de realizar o bom e velho trabalho de formiguinha. Afinal de contas, as formigas juntas são muito mais fortes e organizadas que muitos seres humanos quando elas querem salvar seus formigueiros de uma inundação, ou de alguém que se diverte destruindo a casinha de areia delas. Isso sem contar a defesa que as formigas têm contra seus predadores naturais. Neste processo, cada formiga, efetivamente, faz a diferença!

A maioria das pessoas esquece desse tipo de cooperação que a natureza nos ensina o tempo todo. Afinal de contas, estamos em um mundo corporativo, materialista, individualista, regido pela moda e pelo consumo desenfreado. Estamos muito mais focados nas vidas dos famosos da TV e nos influencers do momento da Internet, do que em nossa própria vida ou nas das pessoas próximas a nós. Sem carnaval, novela e futebol, grande parte do povo não vive.

Espero que quando a água, as plantações e a terra não responderem mais às necessidades humanas, as pessoas se lembrem que tudo isso era mais importante do que as necessidades instantâneas midiáticas, consumistas e egoístas.

Onde quero chegar com esse discurso caloroso e essas acusações perigosas?

Tenho um objetivo simples: passar um pouco da minha pequena experiência como Bruxo tentando exercitar plenamente minha espiritualidade dentro de uma grande cidade cinzenta. Com isso, quero ao menos *tentar* despertar algo de valor no interior de cada leitor. Ficarei muito feliz se apenas alguns dos que se predispuseram a ler este livro mudarem algumas de suas atitudes de verdade e realmente se engajarem nesse formigueiro humano que tanto precisamos construir e defender como nunca antes.

A maioria das pessoas vai ler este livro, achar legal ou não, e continuar com suas pacatas e inalteradas vidinhas. Porém, a história tem nos ensinado que não é a *maioria* que faz a diferença, mas, sim, a *minoria*.

As grandes mudanças da humanidade começaram sempre com poucos, por meio de pequenos grupos ou indivíduos que, a partir de suas atitudes, levaram o mundo à transformação que vemos hoje. Nada de achar que sou descaradamente egocêntrico e me enxergo como um desses seletos indivíduos. Eu me vejo como um mero instrumento dos Deuses Antigos que, a partir dessa situação, como já disse, espera contribuir para o despertar de cada ser individualmente e/ou em grupos.

Ser adepto da Arte Antiga em uma cidade grande e moderna não é tão fácil como parece e tem lá suas responsabilidades, suas particularidades e limitações. Mas podemos, sim, transformar essa selva de concreto e fumaça em um local bom, mais natural e sagrado.

É como naquela propaganda, "Se você não pode fazer *tudo* para que o mundo seja melhor, faça *tudo o que puder* para que ele seja melhor". E isso inclui não só atitudes no dia a dia, que podem efetivamente mudar o mundo, mas também os trabalhos mágicos.

Isso sem esquecer, é claro, da boa e velha imanência que a tudo une. Por ser e estar em tudo, fica evidente que a Deusa também está nas cidades, no cinza dos céus e na fumaça da poluição. Temos que redescobrir a sacralidade da vida urbana e despertar o poder inerente que esquecemos de enxergar nas coisas divinas que vivem dentro das urbes.

Em nossa natureza nostálgica, ficamos sonhando com vilas Pagãs, quase medievais, afastadas das cidades, em meio aos campos e colinas. Valorizamos os riachos e ribeirões do interior, enquanto esquecemos que temos tudo isso aqui, bem debaixo do nosso nariz. É só olhar com os olhos do coração e do espírito e ver que debaixo do concreto e do asfalto existem colinas, montes, vales e campos ocultos. Que sob as ruas e avenidas correm rios, córregos e regatos escondidos e malcuidados, despojados de sua liberdade e vivacidade de outrora.

Grandes rios sagrados também correm em meio aos centros urbanos, poluídos e sujos, infelizmente, cobertos de garrafas pet, pneus e sabe se lá o que mais. Em meio à cidade existem florestas e bosques ladeados de prédios e de casas, assim como brejos, alagados e várzeas que vivem lado a lado com o asfalto.

Pássaros, insetos, peixes, animais selvagens ou domésticos, estão todos bem aqui, nesta paisagem urbana, alimentando-se de rações, restos de outros animais e até deles próprios, como manda a boa lei da sobrevivência na selva.

Temos por aqui a garoa e as brumas que cobrem as periferias das cidades. Desafortunadamente turvamos nossas visões, endurecidas pelo cotidiano e pela rotina, e não logramos, em meio a tanto concreto, ver a beleza natural que nos cerca. Acreditamos que apenas conseguimos sonhar e vislumbrar tudo isso em locais selvagens e distantes, em outros países, reinos e mundos. Mas está tudo bem aqui também, nas grandes cidades cinzentas.

O grande intuito desta obra é lembrar a todos nós desses milagres que acontecem todos os dias. Precisamos nos lembrar de que existem, sim, esses lugares, somos nós que nos esquecemos de visitá-los, resgatando, assim, o Sagrado bem aqui, na selva de pedras.

Boa viagem em sua jornada, e que os Deuses Antigos o acompanhem nesta pequena expedição ao desconhecido e sagrado mundo urbano.

Mas antes, porém, gostaria de recordar um pequeno item de valor: todos os povos da Antiguidade, cujos Deuses cultuamos e buscamos nos conectar ainda hoje, tinham modos de vida tribais, coletivos e cooperativos. Mesmo que alguns historiadores queiram me corrigir e dizer que as religiões na Mesopotâmia, Egito, Roma, dentre outras, eram estatais, e isso está correto, devemos nos lembrar de que nas vilas, aldeias e no campo elas eram ligadas à fertilidade, às plantações, ao culto aos ancestrais, aos ritos de passagem, à família, além de coisas do dia a dia, e é isso que deveria importar! Se voltássemos no tempo, não seríamos da família do faraó, do Senado ou do patesi[1], mas da plebe, em toda a sua rudeza. E nossa fé aqui é semelhante: buscamos as mesmas coisas que nossos antepassados buscavam em seus altares familiares, nos templos construídos nas aldeias, nas matas, em círculos de árvores e pedras.

Somos o povo antigo e o novo povo juntos novamente!

---

1 Chefe político-religioso de um determinado império que viveu na região da antiga Mesopotâmia.

CONEXÃO PARA BUSCAR A ESSÊNCIA SAGRADA URBANA

Neste livro, você vai encontrar uma série de propostas de conexões, meditações e rituais ao final de cada capítulo, para ajudar a promover seu reencontro com a essência espiritual que reside dentro dos espaços das urbes.

Abertas essas portas, podemos nos embrenhar caminho adentro pelos labirintos complexos e selvagens da selva de pedra, pouco explorados pelos Bruxos dentro desse viés, na busca pela harmonização e cura das cidades.

Para começar então essa jornada, encontre um local na sua casa onde se sinta seguro, confortável e sossegado e leve para lá objetos que representem cada um dos 4 elementos (Terra, Ar, Fogo e Água), de preferência itens de sua casa mesmo, como um cristal, um incenso, uma faca, colher de pau ou uma planta, por exemplo. Você também vai precisar de uma caixa do seu incenso predileto. Organize os objetos à sua frente de modo a deixá-los em círculo e acenda o incenso.

Acomode-se na posição mais confortável possível e que não permita que você durma. Durante esta prática, você não precisa ficar estático, pode se coçar, tocar no corpo, movimentar os braços. Nem todos estão acostumados a meditar e pode levar um tempo até que isso se torne uma prática cotidiana.

Faça uma respiração em quatro tempos para se centrar. Feche os olhos e mantenha a respiração lenta, aproveitando cada inspiração e expiração.

Com os olhos fechados, perceba os olhos da sua mente se abrindo, visualizando o mundo ao seu redor tal como ele é. Perceba que as cores estão mais acinzentadas que o normal. Agora, visualize-se levantando e vai notando que, aos poucos, as coisas começam a rejuvenescer, como se estivesse em um filme sendo rodado ao contrário, voltando no tempo.

O tempo e os objetos não afetam você. Porém, a energia do local é perceptível e aos poucos vai se transformando.

As cores ganham tons mais fortes e vibrantes conforme o tempo segue mais para o passado.

O local onde você está voltou 50, 100, 200, 500 anos no passado. Você sente a energia pujante e revigorante que existe ali há muito tempo. As cores vistas são intensas. A fauna e a flora estão restauradas, como era tudo antes da chegada dos invasores europeus.

Sinta o ar preenchendo seus pulmões, a terra sob seus pés, a brisa tocando seu rosto. Sinta seus pelos eriçados. Ouça a mata falando com você, como em uma serenata de cores e sons. O Espírito da Terra está presente à sua frente. Ele reside em todos os lugares. Ainda que suas cores tenham perdido o brilho e seus aromas o cheiro, o Espírito está ali, esperando ser reencontrado. Os vaga-lumes podem ter partido, os tatuzinhos podem não estar mais sob as pedras na rua, os pássaros não são numerosos e os animais estão escondidos, mas o Espírito nunca partiu; apenas está esperando uma oportunidade florescer com a força e o vigor de outrora.

Você percebe os olhos na mata e tem a sensação de que está sendo observado. As portas foram abertas para sua nova jornada. A essência sagrada da Terra está chamando por você nessa caminhada.

Respire três vezes profundamente. Lentamente, abra os olhos e sinta-se no momento presente.

Escreva em um diário suas percepções acerca da meditação, para começar a criar um registro da sua jornada que se inicia agora!

CAPÍTULO 2

ATIVISMO MÁGICO

NÃO TEM LOCAL NEM HORA, RURAL OU URBANO, PRESENCIAL OU VIRTUAL, PODE ACONTECER EM QUALQUER TEMPO A QUALQUER HORA. BASTA VONTADE, ORGANIZAÇÃO E AÇÃO.

Agir politicamente é tudo que fazemos para mudar o mundo ao nosso redor de acordo com o que acreditamos e desejamos para uma realidade mais justa. Não um mundo melhor apenas para um grupo ou para uma crença, mas para todos.

Um mundo com justiça social, com menos desigualdades, sem preconceitos e racismo, com igualdades de direitos e garantia de diversidade, onde as pessoas tenham preservados seus direitos à liberdade de expressão, de fé, de lazer, saúde, moradia, alimentação, educação e segurança de qualidade e acessível, além de um meio ambiente saudável para todas as espécies.

Magicamente, isso é possível, porque acreditamos que podemos moldar a realidade ao nosso redor e transformá-la em algo melhor. Temos a força para mudar as coisas em prol das gerações futuras e realizar essas mudanças juntos, coletivamente e horizontalmente, em comunidade, como era e como deveria continuar sendo.

Precisamos nos unir sempre com aqueles que buscam ideais parecidos com os nossos, que tenham a ver com nossas propostas para podermos criar ações que proporcionem essas mudanças. Precisamos nos organizar para ativamente gerar energia e movimentá-la, para transformar desde pequenas situações a grandes mudanças.

Devemos lutar pelo que acreditamos e nos unir ao redor desses ideais. Precisamos olhar ao nosso redor e enxergar que existem muitas pessoas que pensam parecido conosco, apenas não professam a mesma fé e crença que nós.

Ao passo que desejamos mudar algumas coisas que dentro de nós já estão sacramentadas e sedimentadas, vamos olhar ao redor e unir forças com quem também deseja a mudança.

Podemos dar vida a grupos de ação, de oração, promover grupos de criatividade, incentivando à arte, e ainda temos como estimular a construção de propostas e ideias que, reunidas, desenvolvam uma plataforma de transformação que possa ser conduzida por todos que a alimentarem, sendo levada adiante por todos aqueles que desejarem participar.

Isso pode começar com a união de pessoas para salvar uma praça, um terreno baldio ou um pequeno córrego que tem as chances de ser limpo. Pode salvar uma UBS, melhorar uma creche ou até mesmo uma escola.

Uma aliança sem caráter missionário, mas repleta de fé e crença, pode mover montanhas. Arrecadar alimentos, roupas, material de higiene e limpeza, mantimentos, móveis, remédios, materiais escolares e fazer essa distribuição é dever de todos. Essas ações ajudam a criar um mutirão de profissionais liberais, como cabeleireiros/barbeiros, por exemplo, para melhorar a autoestima de uma comunidade e de moradores de rua, ou grupos que auxiliam na castração e cuidados com os animais abandonados ou de cuidadores sem recursos.

No âmbito mágico, podemos movimentar campanhas públicas com lemas e imagens que, fortalecidas por símbolos e encantamentos, podem atingir as intenções desejadas.

São muitas as ações que podem e devem ser realizadas pela comunidade Bruxa, como campanhas de sigilos mágicos, que têm a finalidade de proteção aos manifestantes e causas ambientais promovidas pela Tradição Reclaiming, no movimento #SomosAradia, por exemplo. No Brasil, temos a constante campanha da Bruxa e ativista Mariana Leal, em busca pelo reconhecimento e respeito à periferia, com sua rede social "Respeita as Bruxas da Quebrada", com o intuito de tornar a Bruxaria mais acessível para quem vive em regiões mais afastadas dos grandes centros.

Esses são poucos exemplos de ações simples que podem ser promovidas. Porém, podemos sofisticar ainda mais com ações maiores e mais vigorosas, como momentos de reza, oração, mentalização, ação mágica combinadas com praticantes em grupos e/ou solitários para fortalecer uma egrégora, como, por exemplo, barrar a aprovação de um projeto de lei que afronte as liberdades individuais ou que pode prejudicar o meio ambiente. Promover ações conjuntas envolvendo música, dança e tambores para canalização de energia mágica em situações críticas da sociedade também funciona.

Podemos agir nas ruas com cartazes, compartilhando notícias nas redes sociais sobre situações que precisam de atenção, fazendo e promovendo movimentos diversos e também realizando ações manifestamente influenciadas pela visão de mundo Pagã. Todas as formas de ação são importantes. Inútil é ficar sentado no sofá de casa, reclamando, criticando sem agir para mudar a realidade e o mundo ao seu redor.

Esse mundo começa com sua família, sua casa, seu quintal, quarteirão, bairro, cidade ou estado, sua comunidade espiritual, suas relações. Enfim, este é o microcosmo que você está inserido e que, multiplicado, pode atingir o macrocosmo na qual faz parte para trazer impactos positivos nas mudanças planetárias.

Podemos nos mobilizar de diversas formas e nos organizarmos de múltiplas maneiras para atingir objetivos diferentes ou únicos, centralizados e focados. A mobilização e a ação é o que mais conta nesses casos.

Ideias podem ser debatidas, círculos de *brainstorm* podem ser marcados e então deixar jorrar ideias esperando que algumas sejam aproveitadas para serem desenvolvidas e colocadas em prática na sua comunidade.

Não se conforme. Resista. Ser resistência garante sobrevivência e existência. Nunca aceite a ideia falaciosa de que religião e política não devem se misturar. A religião é uma escolha partidária em seu próprio mérito. Ser Bruxo é, por si só, um ato político por natureza, que expressa uma visão de mundo e a maneira como entendemos e nos relacionamos com ele. Trata-se da defesa de um estilo de vida. A Wicca é uma das religiões que mais possui pessoas dentro dos conceitos da diversidade e da exclusão. Somos responsáveis por acolher toda aquela parcela de pessoas que tradicionalmente é recusada, repelida e maltratada pelas religiões majoritárias. Damos as boas-vindas a todos os que são expulsos de suas famílias e que são perseguidos, violentados e violados simplesmente por existirem. Temos a natureza e o meio ambiente como sagrados, por serem a representação viva da divindade. Somos panteístas, compreendemos que o divino está presente em tudo e, por isso, precisamos preservar aquilo que nos é mais caro e precioso: o nosso Planeta.

O QUE PODEMOS FAZER?

A ideia geral desta obra é trazer propostas novas para enxergarmos a sacralidade incontestável que existe no ambiente urbano e suas infinitas possibilidades.

Vamos resgatar práticas comunitárias de dividir e somar, trazendo nossos esforços para auxiliar nossos iguais nos seus desenvolvimentos em seus caminhos de busca e encontro do sagrado.

É aqui, nesse ambiente cosmopolita, que podemos trazer o que há de mais elevado em cada um de nós e dividir com os outros o nosso melhor, tornando, assim, a nossa fé em um instrumento de transformação real e de resistência, para quando precisarmos nos unir perante as ameaças, abusos e perigos.

Podemos começar isso facilmente e de forma absolutamente simples, ao ensinarmos o que sabemos, ao dividirmos nossa energia enquanto resgatamos o senso divino que existe ao nosso redor. As ideias e ações para mudanças globais propostas neste livro podem inspirar você a desenvolver:

- Rodas de oração, canto, música e dança sagradas para integrar as pessoas de sua cidade ou bairro.

- Elaboração de ações comunitárias mágicas para limpeza de espaços públicos.

- Criação de hortas comunitárias para abastecimento de famílias em situação de risco.

- Criação de canteiros de ervas e plantas medicinais para servirem de farmácia popular e contribuir para terapias alternativas em comunidades carentes.

- Reuniões com lideranças para identificar pessoas que tenham saberes populares sobre medicina, produção agrícola, técnicas terapêuticas e de benzimentos para criar equipes no intuito de melhorar a qualidade de vida das famílias em situação de risco e da comunidade como um todo.

- Compartilhar técnicas de terapias alternativas de saúde para pessoas com pouco ou nenhum acesso à rede particular, ou acesso precário à rede pública para minimizar os riscos à saúde e à vida.

- Organizar grupos de apoio à vida, à saúde mental, às mulheres e crianças em situação de perigo, vítimas de violência doméstica, sexual ou psicológica.

- Confecção de talismãs, sigilos, patuás, garrafadas, símbolos, imagens, pinturas, versos, rimas, salmos, suras, mantras, sutras, artesanatos e toda gama de ferramentas de proteção, saúde, bênção e prosperidade.

- Organizar frentes de arrecadação de cestas básicas, marmitas, roupas, materiais de limpeza e higiene pessoal, agasalhos, cobertores e brinquedos, para distribuição.

- Petições públicas para órgãos da administração municipal, estadual e federal para cobrança e cumprimento de ações relacionadas à cidadania, direitos civis, humanos e coletivos.

- Recuperação de áreas de proteção ambiental próximas a centros urbanos, com mutirões de limpeza, plantio de mudas e conscientização de moradores e vizinhos.

- Recuperação de nascentes, riachos, rios e córregos, com limpeza de margens, desassoreamento, denúncia de despejo ilegal de esgoto, plantio de mudas e árvores e recuperação das águas.

Tudo isso pode ser feito com a intenção da fé, da boa vontade e da magia, dentro de um ambiente de sacralidade e união de intenções.

Podemos realizar essas ações apenas entre nossos iguais, expandir para nossos irmãos de outras fés e crenças, e até mesmo chamar para contribuir aqueles que são bem diferentes de nós, mas que acreditam que é possível transformar, ainda que pela união das intenções positivas. Podemos traçar Círculos Mágicos durante as ações e purificar os locais onde serão realizadas essas ações, abençoar e fazer oferendas de cura, de perdão, de ação de graças, de conciliação.

E assim, coletivamente, ativamente e conscientemente nos tornamos mais fortes juntos enquanto comunidade e indivíduos.

O ativismo mágico é parte inerente da essência da Bruxaria Moderna.

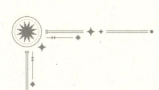

CAPÍTULO 3

DA CAVERNA AO CONCRETO

UMA BREVE HISTÓRIA DAS CIDADES

Há mais de quatro mil anos o homem descobriu que morar em um só local era possível. Nada mais de ficar viajando grandes distâncias e se expondo às intempéries do tempo, aos animais selvagens e perigosos, e a grupos inimigos. Descobriram que enterrando as sementes, elas brotavam, e isso facilitava a alimentação, e que, colhendo e transplantando mudas, não precisavam mais coletar vegetais no meio da selva. Nascia aí a AGRICULTURA!

Com a responsabilidade de alimentar famílias inteiras, descobriram que era possível criar animais junto aos grupos sem precisar se expor sempre aos perigos da caça ou enfrentar grandes animais selvagens para conseguir comida, sem ter até mesmo a certeza de que voltariam vivos. Dava-se início à PECUÁRIA!

Cultivando vegetais e criando animais, a vida se tornou mais fácil. Utilizando barro, pedras e troncos, construíram as primeiras habitações ladeadas pelas plantações e cercos de animais e desenvolveram técnicas para aumentar a produção: irrigação, arado, roda, poços, e muito mais. Descobriu-se que era possível conseguir coisas novas, trocando o excedente da produção com outras tribos. Assim começou o ESCAMBO!

Depois resolveram que podiam delimitar o solo e criaram a propriedade. E viram que era possível negociar o excedente da agropecuária e do artesanato por outras coisas. Criaram assim, o COMÉRCIO.

Desta forma, deram um valor para a terra e resolveram possuí-la para si, não mais sendo um bem coletivo. Venderam e compraram primeiro os animais e vegetais, depois os próprios seres humanos. Criaram armas e guerrearam para aumentar suas posses e riquezas, nomearam minerais de difícil obtenção e deram a eles valores que justificavam as guerras e a luta. Roubaram, mataram, vilipendiaram, violentaram, sujaram, escravizaram, destruíram, ficaram com medo e desenvolveram fortificações e amurações. Criaram técnicas para isolar a natureza das cidades. Cobriram o solo com cimento e asfalto. Cortaram as florestas para criar pastos e plantações. Substituíram a liberdade pela proteção militar. Desenharam fronteiras e lutaram para defendê-las e ampliá-las. Forçaram tribos inimigas a viverem juntas e a se tornarem nações. Exploraram a mão de obra que não mais produzia para a família, mas, sim, para o lucro do proprietário e do patrão. E deram o nome a isso de PROGRESSO.

Este é um brevíssimo relato, um resumo curto e grosso da formação das primeiras aldeias até o desenvolvimento do caos dos grandes centros modernos. Temos algumas cidades emblemáticas como sendo as primeiras referências urbanas da humanidade moderna e ocidental (digo isso, porque sempre esquecemos de que os chineses já tinham vida noturna enquanto os ocidentais ainda construíam torreões e nem usavam latrinas).

Nesta linha de civilizações primitivas que estavam à frente de seu próprio tempo, podemos citar Mohenjo Daro, próximo ao Rio Indo; Çatal Huyuk, na Turquia; Ur e Uruk, no vale da Mesopotâmia; Cheng-Ziyai e Tseng-Tsou, na China, dentre tantas outras que surgiram a mais de cinco mil anos, às margens dos grandes rios, berços da fertilidade do campo. Com o passar do tempo, tais civilizações expandiram-se e chegaram a ser construídas em locais inóspitos, como o Alaska e a Sibéria, por exemplo, impossíveis de existirem em épocas remotas, onde, teoricamente, apenas os nômades sobreviviam.

Essas cidades primitivas e fluviais eram os núcleos históricos dos atuais centros urbanos, tão caóticas para suas épocas quanto as nossas o são hoje em dia para nós. Porém, aos nossos olhos, deveriam ser paraísos próximos à natureza, com chão de terra e telhado de folhas de palmeiras.

A história nos mostra que esses centros urbanos eram tão diversos quanto desiguais, indo desde aldeias com 20 ou 30 pessoas a megalópoles com mais de 15 milhões de habitantes. Nisso encontramos desde grupos que visavam ao bem-estar coletivo e repartiam em porções iguais e justas tudo o que produziam com os seus semelhantes, às grandes cidades, divididas entre condomínios de luxo e favelas. De grandes apartamentos de frente para o mar aos morros invadidos, repletos de barracos em condição de deslizamentos.

E não para por aí. Tudo isso vai de encontro também de uma espera pelos ciclos da natureza à luta pela sobrevivência diária em centro violentos e cruéis. De igualdade de condições e senso humanitário às desigualdades sociais desumanas. Esse é o breve e cruel relato da formação das cidades dos tempos antigos ao moderno.

Hoje em dia, pouquíssimos de nós viveriam nas condições de nossos antepassados. Não é preciso nem ir muito longe para chegar a esta conclusão. Há duas gerações, apenas, nossos avós e bisavós moravam em áreas rurais e plantavam em seus quintais, costuravam suas roupas e esquentavam a água do banho em grandes panelas.

Nos dias atuais não nos vemos usando fossas assépticas e pouco fazemos chás para curar nossas doenças. Não lavamos as roupas no tanque ou no riacho e nossas casas não são iluminadas com lampiões e candeeiros.

Em outros tempos, podíamos deixar as portas das casas abertas sem perigo de invasão, confiávamos no dono da mercearia que marcava as compras na caderneta para pagarmos no final do mês. Dávamos bom dia às pessoas que encontrávamos nas ruas e as conhecíamos pelo seu primeiro nome. Isso tudo acontecia morando em cidades, e nem tem tanto tempo assim.

Então não precisamos ir longe para ver que as cidades já foram excelentes locais no quesito humanitário e eram espaços agradáveis.

Podemos resgatar esse convívio?

Essa é a pergunta de milhões!

Hoje temos diversas facilidades, e lógico, amamos todas elas. Quem não quer ter luz com um clicar de um interruptor, máquinas de lavar roupa, alimentos congelados e prontos em um minuto no micro-ondas, televisão, computadores, internet, celulares, tecnologias novas e úteis?

Enquanto Bruxos modernos não precisamos viver como nossos antepassados, mas podemos resgatar os antigos valores de respeito à natureza, de compaixão e, solidariedade, amizade e o verdadeiro conceito de perfeito amor e perfeita confiança ao próximo.

RITUAL PARA PEDIR PASSAGEM AOS GUARDIÕES DA SUA URBE

Dando continuidade à proposta de exercícios ao final de cada capítulo, a fim de criarmos uma jornada pela cura dos espaços urbanos, vamos pedir permissão aos Guardiões que cuidam de nossa cidade.

Muitas pessoas questionam a necessidade deste pedido de permissão. Tanto na mitologia quanto na maioria das religiões, assim como nos espaços territoriais, urbanos ou não, há o conceito de limites, de fronteiras. Deuses e Guardiões que protegem vilas, aldeias, comunidades e até cidades sempre existiram. Na Arte não é diferente.

Vamos nos lembrar do Guardião de Roma, Términus. Ou dos Deuses patronos das cidades-estados helênicas, ou das divindades que possuíam templos de adoração em cidades dedicadas a elas no Reino de Kemet[2], os patronos das cidades-estados dos fenícios Baal e Baalit e por aí vai.

Pois bem, os Guardiões dos perímetros urbanos podem variar de local para local e serem difíceis de identificar. Não vamos cair no senso comum e achar que, porque estamos em um país de maioria cristã, o Guardião da cidade vai assumir a forma de um arcanjo ou de um santo. Pode até ser que um ou outro de seres espirituais proteja determinado local, mas não que sejam os únicos, e nem muito menos os primeiros. Como Neopagãos, vamos focar naqueles que vieram antes dos que aqui estão, os Espíritos da Natureza e os Deuses Ancestrais dos locais onde habitamos.

Façamos um Rito de Ação de Graças e aproximação para que possamos ser vistos, notados e percebidos como aliados no processo de harmonização e cura da urbe.

Espere uma noite de lua crescente, propícia para inícios, e monte um altar feito com coisas retiradas da natureza ao redor, próximo do local onde mora. Você pode estar se questionando: "mas eu moro no centro de São Paulo e aqui não tem nada...". Só porque você não está próximo a um local da natureza como a Serra da Cantareira, por exemplo, não quer dizer que a natureza não esteja ao seu redor. Olhe as pedras na rua, não os pedaços lascados de cimentos, mas pedras de brita e granito. Olhe as árvores, os arbustos, procure algo nas praças e jardins, recolha galhos e sementes.

---

2 Kemet é o nome original do antigo Egito.

Seja acima de tudo uma pessoa sensível e se abra para enxergar o ambiente onde você reside com olhos de quem procura tesouros em meio à uma missão de resgate.

Coloque oferendas nesse altar, coisas que representem a origem da nossa terra, que alimentavam os antepassados deste solo sagrado, como milho, farinha de mandioca, semente de urucum ou colorau, frutas, raízes. Acrescente o suco de uma fruta da região e pão para ceia.

Purifique o local onde o rito será celebrado com um incenso de alguma erva nativa. Faça a respiração em quatro tempos e se harmonize. Trace um Círculo Mágico de proteção.

Invoque os Deuses (de preferência aqueles relacionados à Terra, à Fertilidade, à Natureza).

Faça a Ação de Graças, dizendo:

Espíritos ancestrais, Guardiões antigos desta Terra Sagrada, protetores das matas e dos animais, dos seres viventes e dos elementos da natureza, Deuses que estavam aqui antes da criação, eu vos invoco. Venham para este Círculo enluarado, aceitem nossos presentes. Nós vos convidamos a cear conosco nesta noite, e a nos conhecer. Buscamos vossas bênçãos e amizade, vossa colaboração para que possamos harmonizar essa Terra e iniciar nela um processo de cura e renascimento.

Agradecemos sua atenção e presença conosco e oferecemos esta ceia em ação de graças e amizade. Que assim seja!

Após a invocação, partilhe os alimentos e a bebida, coma o pão e ofereça um pedaço aos convidados. Por fim, beba o suco.

Agradeça a presença das forças invocadas nesta noite.

Se quiser, dance, cante, toque uma música, celebre. Ao final, destrace o Círculo de forma usual.

Leve as oferendas a uma praça ou jardim e as ofereça para terra como nutriente e cura, pode colocar porções em locais diferentes nas imediações.

Anote em seu diário mágico as percepções sobre este rito.

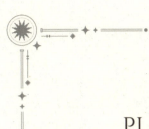

CAPÍTULO 4

DA MÁGICA ALDEIA DO PLANALTO DE PIRATININGA AO CAOS METROPOLITANO

UM BREVE HISTÓRICO DA CIDADE DE SÃO PAULO

A história de São Paulo começa há mais de 500 anos, com a criação de uma fortificação jesuíta, feita de taipa de pilão, na atual região central da cidade. Localizada em uma área militarmente avantajada, topo de um morro, esse foi o núcleo do que hoje é a cidade de São Paulo, umas das maiores e mais ricas capitais do mundo.

De colégio jesuíta que tinha por finalidade catequizar índios, o local passou à condição de Vila, com o decretado da Vila de Santo André da Borda do Campo, onde o então governador geral da colônia, Mem de Sá, achou melhor transferir os habitantes para uma região mais protegida dos ataques dos nativos.

Fundada em 25 de janeiro de 1554, chegando à condição de Vila em 1560, e de cidade em 1711, a região se desenvolveu aquém do que acontecia no norte-nordeste da colônia portuguesa chamada "Brasil".

Com uma população amplamente miscigenada entre nativos e europeus, esse desenvolvimento foi sem apoio e sem financiamento da Metrópole, baseado na produção artesanal de víveres, na agropecuária de subsistência e buscando a expansão para o interior do território.

Descobriu-se, nessa investida, lavras de ouro que logo se esgotaram, dando espaço, assim, à produção de aguardente de cana, quando o açúcar realmente valorizado era produzido no Nordeste.

Ignorada por Portugal e pelos coronéis nordestinos, a base da sobrevivência cotidiana foi o que levou ao crescimento e fortalecimento local. Era uma cidade violenta no que se refere às incursões atrás de especiarias nativas, escravos índios e pedras preciosas, tendo os chamados Bandeirantes como personagens que até hoje despertam admiração de uns e desprezo de outros. Os Bandeirantes ajudaram a ampliar a cidade e a enriquecê-la, mas a um custo de vidas humanas altíssimo e uma violência sem precedentes.

Revoltas, revoluções (Aclamação de Amador Bueno, Guerra dos Emboabas) foram cenário do desenvolvimento de uma a cidade que acabou sendo palco da Proclamação da Independência do país.

Elevada à condição de "cidade imperial", São Paulo foi centro de desenvolvimento econômico relâmpago com o advento do café como fenômeno de consumo mundial. Italianos, espanhóis, sírios e libaneses, judeus, japoneses, chineses e coreanos, esperançosos imigrantes, vindos dos quatro cantos do país, chegaram ao Brasil em busca de uma vida melhor. Mais recentemente, bolivianos, venezuelanos, nigerianos e angolanos também deixaram seus países para morar na Grande São Paulo.

Melhores condições de saúde, educação e trabalho atraíram migrantes e imigrantes, que ajudaram a construir o que hoje é a maior e mais rica cidade do país, centro de referência econômica, política, social e cultural.

Porém, esse desenvolvimento instantâneo para os padrões históricos (menos de 200 anos) teve seu preço: a notória falta de planejamento na ocupação espacial/territorial da cidade.

A destruição de importantes mananciais e áreas verdes, que ajudam a regular o clima e o fornecimento de água da metrópole, teve interferência significativa na qualidade de vida daqueles que vieram em busca de condições melhores. Hoje, são tantas pessoas, carros, casas, prédios, indústrias e fábricas em um mesmo espaço territorial, que muitas coisas se confundem. Temos na cidade de São Paulo áreas urbanas misturadas a plantações, e áreas de proteção ambiental permanentes, com criação de animais, centros comerciais, distritos industriais, parques e aterros sanitários, tudo misturado e mal planejado.

Uso São Paulo como referência, porque nasci e fui criado nessa região, mas se pararmos para pensar, em maior ou menor escala, esse processo se deu em todas as grandes cidades, ou se dará em algum momento. É só lembrarmos que, de um pequeno aldeamento com padres e nativos, hoje vemos uma metrópole global.

PROCESSO DE CURA PARA UMA METRÓPOLE FERIDA E ENVENENADA

Seria muita pretensão achar que por meio de um simples rito ou celebração uma cidade urbana vai se curar. Além do mais, é necessário fornecer orientações para que pessoas de outras metrópoles possam adaptar suas histórias e realidades socioeconômicas para transformar suas regiões.

Curar é algo complexo, mas um rito que busca suscitar um caminho de equilíbrio saudável do meio ambiente e uma conscientização sistemática é possível.

Precisamos levar em conta que, apesar de tudo, em lugares como São Paulo, por exemplo, há um número significativo de moradores que ama sua cidade cinzenta e pavimentada. Essas pessoas muitas vezes não se dão conta, talvez, de que de maneira paradoxal, estão perto da maior floresta metropolitana do mundo, de grandes reservatórios de água e de diversos rios.

Em lugares como esse há um enorme potencial adormecido de energia para ser despertado e movimentado. Podemos usar isso a nosso favor, permitindo que a fluidez das energias harmoniosas e curativas despertadas fluam através da cidade e, consequentemente, cheguem até nós.

RITUAL DE CURA PARA CIDADE

NOVENA DE HARMONIZAÇÃO E BUSCA DO EQUILÍBRIO LOCAL

Esta será uma novena diferente, que evocará a ancestralidade da terra, do sangue e a diversidade da cidade.

Por meio deste ritual, buscaremos todo o sonho, esperança e expectativas favoráveis plantadas no solo de sua cidade por todos aqueles que ali passaram com intenções realmente positivas e amorosas, protetivas e curativas, fraternas e compassivas.

Desta forma, usaremos esses fluxos de energias para criar canais de força a fim de fazer fluir o que é bom e positivo. Isso vai provocar um desencadeamento que dará início a um processo de cura e de transformação. Um efeito semelhante pode ser produzido no nosso sistema biológico, provocando uma reação em cadeia que vai produzir anticorpos que se multiplicam e se espalham, iniciando uma jornada para estabilizar o corpo de um enfermo, começando, assim, uma possível remissão e cura.

Nesta novena, divida uma vela em nove partes, uma para cada dia de trabalho mágico. Para isso, faça nove riscos do mesmo tamanho e distância ao longo da vela com a ajuda de um alfinete. Use uma vela na cor verde, que favorece a cura.

Outras quatro velas, uma para cada elemento, deverão ser igualmente divididas em nove partes: uma vela marrom para a Terra, amarela para o Ar, vermelha para o Fogo e azul para a Água.

Exemplo de divisão de uma vela em nove partes para a realização da novena

Reserve também um incenso de ervas de harmonização, como a lavanda, por exemplo, e faça um altar simples, com uma foto, um mapa da sua região ou um objeto para representar a cidade em que você se encontra.

Após preparar o altar, inicie a novena acendendo as velas e o incenso e sente-se confortavelmente.

Não há um texto pronto ou palavras específicas que precisam ser seguidas à risca em seu ritual. Sinta-se livre para criar ou usar aquilo com o qual estiver familiarizado. Essa é a sua parte. Rezas, preces, mantras, orações são fortes, porque existe a crença na sua eficácia. De nada serviria repetir palavras escritas por outras pessoas. Você precisa acreditar em suas próprias palavras e carregá-las de força, sentimento, fé e coragem.

Faça algo simples ou rebuscado, de acordo com seus conhecimentos e vontade. Declame um verso, uma quadrinha, um soneto ou uma oração repetitiva para se conectar, alterar o estado de consciência e emanar adequadamente o sentimento de cura que está sendo invocado e transmitido.

Diga algo como:

> *Cidade que habito, ruas onde moro*
> *Casa que me abriga, solo que me nutre*
> *Ar que me refresca, água que me sacia*
> *Fogo que cura e liberta*
> *Que nossas orações*
> *Possam fortalecer e curar*
> *Que elas despertem as energias de transformação*
> *Movimentem os caminhos para cura e harmonia*
> *dessa cidade que tanto precisa.*
> *Deuses dessa terra que me acompanham*
> *Espíritos da natureza e ancestrais, estejam atentos*
> *Ouçam nossa prece, tragam-nos alento*
> *Que a cura aqui evocada seja o início de uma transformação positiva para essa terra maltratada,*
> *Mas sempre amada.*

Isso pode ser simples assim ou ser feito com as rimas e versos que você escrever antecipadamente para esse intento.

Registre sua experiência no caderno e repita o processo por nove dias, uma quinzena ou uma lunação. Você escolhe.

Faça isso pelo tempo que julgar necessário, sozinho ou com as pessoas que você deseja reunir para esta prática mágica.

CAPÍTULO 5

TERRA, AR, FOGO E ÁGUA

"OS ELEMENTOS SAGRADOS NA CIDADE E COMO RESGATAR A SUA FORÇA"

Temos nas cidades as representações vivas dos quatro elementos sagrados: Terra, Ar, Fogo e Água.

Apesar de ser relativamente fácil de representá-los em termos rituais, como podemos identificá-los na natureza artificial e poluída das cidades? De que maneira conseguimos desenvolver a capacidade em ajudar a resgatar sua sacralidade e iniciar curas efetivas nesses locais?

Podemos interligar essas curas com ações práticas que nada tem de religiosas, integrando moradores e cidadãos de diversos níveis socioeconômicos e de diferentes religiões e etnias, para o bem geral, sem transformar isso em um clubinho fechado, restrito e misterioso. Afinal, quanto mais gente trabalhando pelo Planeta, mais chances de salvar a Terra nós temos. Lembrem-se sempre de que a Deusa está em tudo e em todos, ainda que nem todos sejam capazes de perceber isso adequadamente.

TERRA

PARQUES, PRAÇAS E TERRENOS BALDIOS: ILHAS VERDES EM MEIO AO CONCRETO

Como já foi mencionado, existem dezenas de áreas nas grandes cidades onde a natureza expressa sua exuberância bem debaixo dos nossos olhos. Só em São Paulo são mais de 30 parques, sem contar áreas verdes que não são cuidadas ou estão abandonadas pelo serviço público. Em outros centros urbanos também é assim. Temos a Floresta da Tijuca e o Jardim Botânico no Rio de Janeiro, o Parque da Cidade em Brasília, e tantos outros espalhados pelas cidades brasileiras, que são subaproveitados e encontram-se muitas vezes degradados.

Muitos desses grandes parques têm sido usados notoriamente como áreas de rituais públicos por diversos grupos e praticantes da Arte.

Mas e os pequenos parques espalhados pela sua cidade? Aquele parque que fica logo ali, na rua de cima, aquele no qual a a prefeitura quase nunca aparece para dar a devida manutenção, ou que quando o faz é apenas para cortar o mato e retirar a sujeira que a comunidade insiste em jogar no local, transformando uma importante ilha verde em lixão a céu aberto e depósito de entulho e todo sortimento de dejetos, que atraem baratas, ratos, formigas, aranhas, escorpiões, pombas, cães e gatos abandonados, causando verdadeira repulsa e gerando violência em uma contínua degradação?

Quantas vezes você parou para pensar no que deve ser feito com esses locais? É lógico que é muito mais fácil e agradável ir ao parque grande e bem cuidado da cidade para fazer seus rituais e se conectar com a natureza. E é nesse ponto que eu queria chegar!

Vou compartilhar aqui uma experiência pessoal e frustrante que tive. Anos atrás, quando estava à frente da coordenação paulistana de uma importante associação de Bruxos no Brasil, diante da euforia causada na época em função de um ótimo projeto da Prefeitura de adoção de áreas verdes, fechamos uma parceria para adotar uma área sensacional em um dos bairros da cidade.

Havia um movimento internacional chamado *Goddess Square*, onde Pagãos do mundo todo adotaram praças e parques e ajudavam na sua manutenção e conservação. Pois bem, conseguimos um projeto paisagístico, doações de plantas e até de uma enorme estátua da Deusa Diana. Que maravilha!

E assim, marcamos o grande dia no qual iríamos assumir a manutenção do parque para começarmos a cuidar dele. Desta forma, demos início às atividades públicas de rituais e encontros mensais no local.

O parque tinha uma área imensa, um campo de futebol de areia, um espaço onde antes deveria ser um playground, alguns bancos e mesas danificados e muito lixo e entulho. Era uma área verde invejável, que ainda continha um campo de malha (esporte tradicional), e até dois olhos d'água.

Umas cinquenta ou mais pessoas apareceram no dia marcado para o início da implementação do projeto de preservação do local. Foi encorajador ver tanta gente empenhada em cuidar de uma área tão grande, bela e degradada.

Limpamos tudo, recolhemos o lixo, o entulho, retiramos as ervas daninhas e plantamos muitas mudas. Um dia inteiro de muito trabalho e esforço!

Isso foi recompensador, ainda mais porque recebemos incentivo dos moradores vizinhos ao parque, que afirmaram que ali era um ponto de venda de drogas e de assaltos na região, e que agora com o movimento de gente jovem e empolgada o quadro poderia ser revertido. Tudo ótimo até o momento.

No final de semana seguinte celebramos um maravilhoso Sabbat Beltane, com um mastro enorme, muitas fitas e muitas pessoas. O projeto previa manutenção constante. Assim, deveríamos estar ali todos os finais de semana para realizar os rituais e cuidar da praça. Um mês e meio depois do início do projeto, o número de voluntários caiu de mais de cinquenta pessoas para quinze. Depois de um mês e meio para menos de dez voluntários. Como o pessoal não aparecia, resolvemos movimentar as listas de discussão na internet no intuito de trazer mais pessoas. Mesmo assim o projeto *Goddess Square* de São Paulo ruiu!

Não demorou quatro meses e a praça voltou ao seu estado de degradação original, a estátua foi parar na casa de uma associada e nunca mais foi vista, e a prefeitura acabou multando a Associação pelo não cumprimento da parceira conforme havia sido previsto e acordado.

O que isso demonstrou?

Que futuros projetos em parceria com os órgãos públicos estariam comprometidos pelo não cumprimento de acordos passados. Ficou claro que a empolgação das pessoas é muito maior do que o comprometimento e a verdadeira vontade de ajudar a realizar mudanças que, no caso dessa praça, os cinco voluntários sobreviventes jamais dariam conta. Sem contar nas ameaças que sofremos dos meliantes da área...

Logo, vemos que grandes ambições requerem grandes contribuições, e que isso não envolve necessariamente dinheiro, mas, sim, compromisso e disciplina.

Para manter um projeto grande como aquele, deveríamos ter nos associados a outros grupos, como o de idosos japoneses que praticavam exercícios matutinos ali perto, e também a comunidade que frequentava o templo budista vizinho ao parque.

Deveríamos ter envolvido toda a comunidade, convidando-a para ajudar, e não mantido tudo em um restrito grupo de pessoas que não deram conta do recado, onde alguns apenas apareceram para tirar fotos, recolher meia dúzia de dejetos, para nunca mais dar as caras. Sinto muito por isso tudo. Se tivéssemos ampliado a gama de amigos e pessoas envolvidas, talvez hoje a praça fosse um local fantástico de parceria, diversão e devoção aos Deuses.

Esse triste episódio aqui relatado serve para demonstrar um pequeno fracasso e auxiliar outras pessoas a não repetirem o mesmo erro futuramente.

Projetos como esse devem ter organização e comprometimento. Assim, se você quer ser um agente de mudança em seu bairro e tem um projeto comunitário que quer desenvolver, veja quantas pessoas podem se envolver em sua empreitada, convide amigos, vizinhos, as comunidades religiosas locais, sem se preocupar com a denominação delas, já que somos todos irmãos e irmãs na Deusa. Fazendo assim, haverá muita gente interessada em ajudar. Se decidirem preservar uma área verde grande, por exemplo, comecem apenas por uma parte, e notem que, aos poucos a comunidade passará a cuidar e preservar a área recuperada. Assim, naturalmente haverá mais voluntários para colocar a mão na obra e trabalhar.

Discuta com seu grupo, optem por plantar árvores frutíferas nativas da região ou espécies nativas ameaçadas de extinção. A maioria das prefeituras mantém viveiros de mudas e estão preparadas para ajudar. Inclusive, em alguns casos, eles podem até enviar um caminhão para retirar entulho e podar eventuais árvores em situação de risco. Informe-se em sua subprefeitura sobre como solicitar esses procedimentos.

Lógico que, em alguns casos, há a necessidade de se consultar órgãos públicos, como, por exemplo, o plantio de árvores em calçadas. Muitas espécies não são adequadas para área urbana, pois crescem muito e suas raízes destroem o asfalto, as calçadas e os muros vizinhos. Um desses exemplos é a Figueira Italiana, comum em São Paulo, e que cresce violentamente, destruindo tudo ao seu redor, tendo que frequentemente ser arrancada. Então, plantá-la, é condená-la a uma futura poda e retirada.

Outro fator importante a ser considerado, consiga donos para os cães e gatos abandonados da região. Colocar fotos de animais para doação nas redes sociais ou em sites especializados pode ajudar muito. Mas você pode ir além, levando-os para serem vacinados. As prefeituras mantêm sempre um centro de controle de zoonoses que aplicam vacinas antirrábicas gratuitamente. Só isso já contribui para que esses animais não sejam maltratados pelos vizinhos. Muitas clínicas veterinárias aceitam ajudar e castrar animais gratuitamente, ou por quantias simbólicas. Esses poucos gestos já ajudam a garantir a revitalização de uma área abandonada, assim como a conscientização sobre sua importância, além de contribuir para a diminuição da violência em relação aos animais abandonados e segregados da vizinhança.

As crianças também podem ajudar. Procure envolvê-las em algum nível nessas empreitadas. Convidem não só os pais, mas também seus filhos. Crianças desenvolvem rapidamente o senso de preservação e ajudam demais na educação dos seus próprios pais ou irmãos mais velhos.

Tudo isso que foi mencionado serve também para terrenos baldios e áreas escolares que não recebem cuidados por falta de verba pública.

Outro tópico importante é a educação da população circunvizinha a essas áreas. Esse é um trabalho hercúleo, porque muitas vezes funciona como "dar murro em ponta de faca".

A maioria das pessoas se mostra hostil quando alguém chama atenção por elas jogarem papel no chão, restos de alimentos, pontas de cigarro e uma infinidade de lixos. Mas é necessário que esse trabalho seja feito, alguém tem que falar.

Cobrar das prefeituras através de abaixo-assinados a varrição das regiões e a colocação de mais cestos de lixos e pontos de coleta de recicláveis é algo que qualquer cidadão pode fazer a fim de diminuir a quantidade de lixo encontrado nas ruas.

Se todos denunciarem os inconsequentes que jogam seus lixos e entulhos em áreas abandonadas, eles podem até ser multados. Essa legislação já existe, e muitas denúncias podem ser feitas anonimamente, se você não quer se expor e lutar abertamente pelo bairro onde mora, seja por perigo de sofrer retaliação, seja para manter sua integridade física. Essa luta, mesmo que anônima, é muito válida!

PRÁTICAS MÁGICAS COM A TERRA

O QUE FAZER MAGICAMENTE?

Todos os atos citados anteriormente podem ser fortalecidos com um toque de magia.

Ao iniciar um projeto de recuperação de uma área verde danificada, por exemplo, primeiro sinta a energia do local. Para isso utilize seu método predileto: pêndulo, varinha rabdomante, Feng-Shui, viagem astral, Tarô, Runas ou qualquer outro método.

Além de detectar o tipo de lixo e de degradação do local, busque identificar quais são as feridas energéticas da área.

Se você não tem prática nisso e está sozinho nesta empreitada, o pêndulo é o mais seguro meio de identificar correntes energéticas sem se expor a radiações que possam prejudicar você e/ou a sua equipe. Pendule a região e procure por distúrbios. Ao encontrá-los, converse em meditação com os espíritos da natureza que vivem naquele local, perguntando a eles o que pode ser feito para ajudar. No caso de você ainda não ter uma sensibilidade apurada nesse ponto, faça uma libação e uma oferenda para os espíritos da natureza, pedindo ajuda nessa sua empreitada em resgatar a área.

Em seguida, harmonize-se através de cânticos e visualizações com a energia do lugar e busque a essência primordial daquele local. Busque os ancestrais dali e ofereça a eles um presente, que pode ser algo como farinha de milho ou de mandioca, por exemplo, e mostre suas intenções em ajudar na recuperação da região.

Com certeza, os espíritos ancestrais vão dar uma força na sua empreitada. Porém, lembre-se: eles sabem quando a coisa é feita de coração, e um compromisso assumido deve ser sempre concluído.

Crie uma oração específica, compartilhe com os demais e os incentive a fazer suas próprias orações.

Se você está envolvendo pessoas de outras religiões na revitalização de uma área, peça a elas que dentro de suas crenças busquem propiciar bênçãos para este local e o intento coletivo que está se estabelecendo. Neste sentido, vale qualquer cerimônia que ajude a abençoar o local, o que por si só contribuirá também para estabelecer o diálogo inter-religioso e a cultura de paz.

Ao final do dia empenhados na revitalização local, termine com um banquete, lembrando de partilhar a comida como uma oferenda aos espíritos ancestrais e da natureza ali presentes.

DEUSES que podem ajudar em seu trabalho para a melhoria do elemento Terra: divindades ligadas à mata, à natureza, às plantas e aos animais, tais como Brigit, Cerridwen Coatlicue, Mani, Danu, Deméter, Eostre, Flora, Hator, Hera, Mulher Que Muda, Mulher Búfalo Branco, Cernunnos, Pan, Dagda.

ESPÍRITOS da natureza relacionados ao elemento Terra: são as Dríades, os Duendes e os Gnomos. Aliados valiosos para sua prática.

Após finalizar sua conexão com a Terra, registre como foi sua experiência no diário e repita essas ações quantas vezes julgar possível e necessário.

AR

ESSA FANTÁSTICA FONTE DE VIDA QUE ESTÁ FICANDO CINZA E PESADA

Olhe para o céu de sua cidade, ele é azul?

Dependendo de onde você mora, não!

Algumas vezes vemos aquele fim de tarde onde o céu está avermelhado, com tons de lilás e violeta com alguns relances alaranjados e achamos aquilo lindo.

Lindo, porém tenebroso. Muitos desses tons aparecem devido à alta concentração de gases poluentes e metais pesados presentes na atmosfera da cidade. Se você morar em locais mais afastados dos centros urbanos, por exemplo, o céu é sempre azul e as noites estreladas. Mas não podemos deixar de lembrar de que muitas dessas áreas são afetadas pela fumaça das queimadas da agricultura durante a época de seca. Quantas cidade do interior de São Paulo, Mato Grosso, Mato Grosso do Sul, Rondônia, ficaram em estado de alerta no último inverno, por causa das imensas nuvens de fumaça tóxica vindas da queima da cana de açúcar, ou, ainda, de áreas novas para o pasto do gado ou plantio de sabe-se lá o quê?

Em áreas super urbanas como São Paulo, o céu é acinzentado, ou amarelado, chegando às vezes a ficar em tons de marrom. Se pararmos para pensar, o que está por trás daquilo que faz com que essas cores se espalhem é horrível e letal. O céu de Nova Iorque, Tóquio, Cidade do México, Beijing, Nova Délhi, são ainda piores. E nos períodos sem chuvas, o ar fica irrespirável, causando alergias, problemas respiratórios, contaminando a chuva que se torna ácida e venenosa. Não podemos deixar de lado também os carros, ônibus e caminhões que circulam por aí e que contribuem para aumentar a poluição. Só em São Paulo são mais de 6 milhões, e metade deles são antigos e sem qualquer manutenção adequada para rodar sem emitir poluentes em excesso. Uma bomba relógio!

Mudar essa realidade não é nada simples, pois exige sacrifício e empenho. Precisamos lutar contra o sistema, pressionar os governos por leis e medidas mais eficazes na fiscalização dos veículos poluidores, lutar por ônibus a gás ao invés do velho diesel e, se isso for impossível, que sejam ao menos movidos a biodiesel. Nos tempos atuais, o hábito de dar e pedir carona aos colegas que fazem o mesmo percurso que você é também uma alternativa valiosa para fazer sua parte na diminuição da emissão de carbono.

Isso todo mundo sabe, não é mesmo?

Mas então, quais as medidas mais ousadas que podemos tomar para ir além?

Na verdade, são diversas as possibilidades. Só para dar alguns exemplos, procure por produtos que sejam produzidos mais perto de sua casa ou cidade. Isso evita que eles tenham que ser trazidos de longas distâncias e incentiva a produção local e o consequente aumento de mão de obra. Plante sempre que puder. Ao usar sua laje como horta de temperos, verduras e plantas de pequeno porte, você estará ajudando na absorção do dióxido de carbono, criando um filtro de ar natural.

Nenhuma dessas sugestões é inviável, somente requer um pouco de empenho. Temos que lembrar de que não só os veículos. Fábricas e queimadas geram muita poluição do ar, o consumo desenfreado e a produção de bens descartáveis que não para de crescer, também geram cada vez mais poluição. Então, consuma só o necessário, opte por embalagens retornáveis, tudo isso é muito simples e gera economia. E no mundo capitalista onde vivemos, economia e lucro andam de mãos dadas. Nada como usar o sistema contra ele mesmo.

Estamos à beira de um colapso do clima e o ar está intrinsecamente ligado a isso. Afinal de contas, massas de ar, tempestades, furacões, maremotos, tudo isso tem a ver com este elemento.

Temos sim que fazer algo para mudar este cenário terrível que se ameia acontecer. Essas atitudes são essenciais para as mudanças que tanto precisamos, mas temos que cultivá-las dentro de nós mesmos e levar essa mensagem até as outras pessoas. No caso da terra, onde a ação é mais localizada, podemos trabalhar o problema diretamente para perceber mudanças mais efetivas. No caso do ar, as pessoas somente notam que ele fica melhor depois da chuva, ou que ele está insuportável com a ausência dela. Como essas circunstâncias são sazonais e temporárias, isso dificulta a conscientização de todos e a realização de ações significativas para mudar essa realidade.

Nós, enquanto Pagãos, ou como pessoas que se preocupam com o futuro do Planeta, temos que ser incisivos, repetitivos e devemos nos esforçar para gravar na cabeça de cada um o problema e propor soluções. Devemos agir diretamente na coletividade e perante o poder público com ações fortes e com a participação conjunta da comunidade, criando abaixo-assinados para limitar o tráfego de caminhões, exigindo que sejam aplicadas multas para veículos desregulados ou sem filtro ecológico e reivindicando uma fiscalização mais efetiva das indústrias locais com denúncias. Agora, se você mora na zona rural fica mais difícil de fiscalizar. Nesses locais, a queimada da cana é permitida e alguns agropecuaristas não gostam muito que digam a eles o que fazer. Nesses casos é necessário a denúncia direta. A expansão das fronteiras agrícolas coloca cada vez mais em risco a natureza e é necessário ter uma cobrança efetiva do poder público.

Mas voltando ao assunto urbano, se o vizinho resolveu tacar fogo no terreno baldio, ligue para a polícia e para os bombeiros se a conversa não funcionar. Fique no pé dos vizinhos e parentes que têm carros desregulados.

Colabore. Dê exemplo. Denuncie!

PRÁTICAS MÁGICAS COM O AR

O QUE FAZER MAGICAMENTE?

Conectar-se ao elemento Ar talvez seja uma das práticas mais complexas em função de tudo o que já foi exposto. O ar é diariamente vilipendiado, poluído, maltratado. Porém, é possível estabelecer práticas mágicas para que a consciência coletiva se harmonize e escute o clamor deste elemento e possa auxiliar em sua cura.

Esse processo não é fácil, e vai envolver muita meditação e orações. Cones de Poder seu, de seu grupo, de sua comunidade devem ser elevados para esse propósito. Nesses casos o "trabalho de beija-flor" é o melhor a se fazer do que trabalho nenhum.

Para começar seu trabalho mágico com o Ar, uma vez que o som é uma manifestação deste elemento, use seus conhecimentos musicais. Se não tiver nenhum, tente entoar pelo menos algum mantra. Separe um horário diário, mesmo que seja durante o banho, e crie um som, uma canção ou frase repetitiva.

Você pode, ainda, escrever uma canção, uma música inspiradora que lhe agrade. Faça dessa experiência um momento energético musical.

Enquanto canta, deixe o som preencher o espaço de poder e utilize a energia gerada com um propósito específico. Decreta na sua mente a aprovação de leis mais duras contra os agressores do ar, peça que seus vizinhos se conscientizem e se engajem em causas ambientais, ou mandem regular seus carros antigos, etc.

Comece com coisas simples. Um Bruxo mais criterioso pode elaborar rituais mais complexos. Nosso objetivo aqui é o de lembrar você de que cada ato nosso é um ato mágico, que nossas vidas são mágicas. Torne cada ato de sua vida uma ação mágica. Neste primeiro momento, não vamos usar fórmulas complexas. O intuito aqui é o de conscientização. Até mesmo a leitura do presente livro deve ser feita com consciência. Quando achar que ele não é mais útil, doe para outra pessoa, entregue-o em uma biblioteca ou ao menos o envie para reciclagem se decidir a não mais usá-lo como referência em seus trabalhos.

Portanto, a hora é agora. Mexa suas Varinhas Mágicas, ative seu Athame e crie algo que possa fazer a diferença. Lembre-se: "Magia é vontade de fazer e acreditar naquilo que se faz."

DEUSES que podem ajudar em seu trabalho para a melhoria do elemento Ar: Hermes, Saraswati, Mercúrio, Thoth, Oghma, Cailleach, Balder. Chame por Deuses que tenham a ver com comunicação, inspiração, música, brumas, tempestades, com o ar e a movimentação constante de energias poderosas.

ESPÍRITOS da natureza relacionados ao elemento Ar: silfos e os elfos das nuvens — embora diga-se que esses não gostem muito de pessoas.

Após finalizar sua conexão com o Ar, registre como foi sua experiência no diário e repita essas ações quantas vezes julgar possível e necessário.

O FOGO

O SOL QUE NOS AQUECE, FERTILIZA O SOLO E AGE IMPLACAVELMENTE SOBRE O ASFALTO E O AQUECIMENTO GLOBAL

Nas cidades, o fogo passa sempre a impressão de vilania. Afinal de contas, ele sempre queima e destrói. O sol é causticante e implacável, causa câncer de pele e o envelhecimento precoce. Nas cidades, a incidência solar excessiva nos dias de verão é quase insuportável e o calor tem devastado partes do mundo nunca antes afetadas pelas altas temperaturas, como a Europa, o Japão e outras regiões mais frias.

Mas isso é culpa do Sol e, consequentemente, do fogo?

Jamais! Motores de combustão dão o tom da discórdia queimando combustíveis fósseis e etanol que contribuem para o aquecimento global e o aumento do buraco da camada de ozônio. O asfalto que cobre a maior parte das ruas e o cimento que sela e impermeabiliza o solo torna a transpiração da terra impossível, o que acaba por aumentar absurdamente o calor.

A sombra de uma árvore equivale a um oásis inteiro na imensidão de um deserto de prédios que absorvem calor e piche, aumentando a temperatura e os efeitos do aquecimento urbano.

No quadro geral a somatória de toda a ação antrópica nos leva a um panorama de aquecimento global no qual os gases gerados pelo ser humano e a ação predatória contribuem para que a temperatura aumente e, consequentemente, altere a sensação térmica. Isso tem tornado cada vez mais impossível viver em ambientes urbanos em épocas de calor sem ar-condicionado, que liberam gases hidrofluorcarbonos (HFC), infinitamente mais potentes que o dióxido de carbono (CO_2) em sua capacidade de reter gases de efeito estufa em nossa atmosfera. Isso intensifica o aquecimento global, gerando um *looping* sem fim de prejuízos ao meio ambiente.

No contexto urbano, fagulhas de fogo provocam incêndios em prédios, comunidades carentes, veículos. Em todos esses cenários, infelizmente esse elemento traz perdas, dor, destruição e colocam seres vivos de todas as espécies em perigo real constante.

O Fogo segue sendo um elemento perigoso e atraente, ao mesmo tempo que causa destruição. Podemos perceber isso, como já foi dito e precisamos repetir continuamente, por meio das queimadas, incêndios, motores de combustão, e por aí vai.

É importante olhar de forma cuidadosa, para não tornar o Fogo um elemento a ser "cancelado", afinal de contas, a totalidade do Planeta se faz com o equilíbrio dos quatro elementos sagrados que, juntos, formam todas as coisas existentes.

O Sol segue sendo nosso ponto de referência celeste maior. Infelizmente, seu poder implacável é potencializado pelas ações humanas negativas em relação ao meio ambiente. Mas podemos plantar árvores, pintar telhados de branco, tornar o solo permeável, aumentar a cobertura vegetal e desenvolver muitas outras ações que são saídas viáveis para contribuir de forma que o Sol volte a sua função primária de energizador e fertilizador.

Foi-se o tempo em que o fogo era usado apenas em fogueiras sagradas que queimavam para abençoar e proteger, curar e transformar. A busca da cura pelo elemento Fogo pode ir além e ser feita em conjunto com outros fatores, como, por exemplo, no resgate das antigas práticas de contações de histórias e transmissão das memórias ancestrais em reuniões sagradas ao redor das fogueiras, para fortalecer laços de amizade, família e fraternidade.

Podemos resgatar essas velhas práticas e, com cuidado e equipamentos de segurança, em locais apropriados ou em versões menores, restaurar os antigos valores sagrados do fogo, das fogueiras, do poder ancestral que trazem sua transformação e cura.

PRÁTICAS MÁGICAS COM O FOGO

O QUE PODEMOS FAZER MAGICAMENTE

Temos o elemento Fogo presente nas cores, nos aromas, nas rochas e pedras, nos cristais, até mesmo em ervas que trazem essa essência.

A ideia de cura e transformação, pontos centrais de trabalho com este elemento, pode ser adotada usando esses simbolismos e analogias de forma a curar áreas afetadas pela ação humana e que sofrem com as consequências implacáveis do fogo.

Assim, podemos usá-lo para consagrar e montar um espaço de cura que direciona seus poderes de transformar.

Um exemplo poder ser a montagem de um altar com velas vermelhas, laranjas ou douradas, com incensos de canela e minerais como a lava vulcânica, granada, obsidiana, e jaspe. O vinho, por sua relação com o sangue, também pode ser usado. Consagre esse altar aos Deuses do Fogo e, a partir dele, realize ritos pedindo a cura e solução para os problemas causados pelo fogo em determinadas áreas de sua cidade.

Podemos usar diversas ferramentas para que, através do uso do fogo, possamos atuar como curadores da cidade. Duas sugestões serão apresentadas aqui e podem ser usadas por você: A Fogueira da Memória e o Círculo de Fogo.

FOGUEIRA DA MEMÓRIA

Reúna pessoas em um local de sua cidade que precisa ser curado, seja pela violência, degradação, vandalismo ou quaisquer situações negativas que estejam acontecendo na área. Com a devida segurança e precauções, faça uma fogueira.

Para isso, use madeira de árvores da região, de preferência os galhos secos e troncos tombados naturalmente. Isso terá a função de trazer a energia da memória desses seres do mundo vegetal para o seu ritual.

Faça uma purificação simples a base de resinas sagradas, incensos e ervas de limpeza como a arruda, sálvia ou alecrim. Cada pessoa deve se purificar na fumaça produzida pela combustão desses elementos. Cante um cântico apropriado ou entoe uma palavra ou frase repetitiva que simbolize o propósito da cerimônia.

Em seguida, as pessoas presentes devem se apresentar e dizer por que estão ali. A ideia central que se deve ter em mente é trazer a cura desta área da cidade por meio do presente ritual.

Na sequência, cada um pode contar uma história do quanto aquele lugar era bom e saudável. Pode ser uma memória pessoal ou a história de alguém que teve uma relação com aquela parte da cidade e que simboliza aquele ideal.

Para finalizar, todos saúdam o fogo e jogam ervas e incensos na fogueira para harmonizar e energizar aquele momento e local, decretando que aquela energia seja restaurada para que enfim o local possa ser curado.

Assim que encerrar a roda de memórias, todos os presentes podem confraternizar com um pequeno banquete e dançar e cantar para celebrar a sacralidade do lugar.

CÍRCULO DE FOGO

Esta cerimônia deve ser feita em grupo.

Determine uma área de sua cidade que precisa ser curada como uma praça, parque ou jardim.

As pessoas que participam da cerimônia, cada uma com uma vela, colocam-se ao redor dessa área de modo a formar um símbolo sagrado na paisagem do local. Elas podem ser distribuídas, por exemplo, no formato de um Pentagrama, onde cada indivíduo se colocará em uma das pontas imaginárias da estrela. Outros símbolos de sua preferência, como, por exemplo, o triskle, a triquerta, uma estrela de sete pontas ou ankh também podem ser usados para criar uma geometria sagrada sobre o local, por meio da disposição das pessoas. Para dar início ao ritual, uma pessoa se dirige ao centro, acende uma vela branca e se retira da área circunscrita. Todos os outros acendem na sequência suas próprias velas, que devem ser em cores apropriadas relacionadas à cura/terra/natureza.

Conforme as velas vão sendo acesas, visualizem um grande Círculo de luz se formando ao redor do local.

Canalizem a energia do Círculo, trazendo a cura de fora para dentro, enviando-a para o interior da terra, para transmutar a energia deste local.

Para finalizar, cada pessoa caminha para o centro até unirem sua vela com a vela acesa no centro do espaço. Deixe as velas queimarem até o fim, purificando as energias necessárias que estiverem presentes no local. Cantem, dancem e celebrem a cura realizada.

DEUSES que podem ajudar em seu trabalho para a melhoria do elemento Fogo: Bast, Brigit, Hécate, Héstia, Morrigu, Pele, Perséfone, Sekhmet, etc.

ESPÍRITOS da natureza relacionados ao elemento Fogo: Salamandras, Curupiras, Boitatás, Dragões do Fogo, dentre outros.

Após finalizar sua conexão com o Fogo, registre como foi sua experiência no diário e repita essas ações quantas vezes julgar possível e necessário.

ÁGUA

HIDROGRAFIA SAGRADA URBANA: AS VEIAS E ARTÉRIAS DE UMA CIDADE

O berço da vida, fonte de cura, lar dos peixes, focas, baleias e milhões de outras espécies, tornou-se o grande esgoto da humanidade. Sim, estamos falando da Água.

Você já parou para pensar na quantidade de lixo e esgoto que são jogados diariamente nos mares, rios, oceanos e lagos da Terra?

Cotidianamente, profanamos o berço da vida. Cada vez que damos uma descarga, demoramos no banho, deixamos a água da chuva ir embora e se misturar às águas contaminadas dos rios em vez de usá-la em casa, quando bebemos refrigerantes que usam dois litros de água para fazer um litro de um líquido nada saudável, estamos infringindo as leis da natureza.

É difícil enumerar a quantidade diária de máculas que causamos à água e o quanto permanecemos impassíveis diante disso. Tratamos o berço das espécies como depósito de lixo: tóxico, doméstico, industrial, pesticida, radioativo. Reclamamos constantemente do cheiro que sentimos quando passamos por um córrego urbano, mas não fazemos nada para melhorar isso. Olhar para os rios Tietê e Pinheiros causa lágrimas em qualquer um. Ver toda essa degradação nos traz uma sensação de impotência diante de um crime a céu aberto. Aquela água malcheirosa e escura, com uma camada de gordura e um brilho químico, repleta de milhares de embalagens descartáveis boiando e coisas inomináveis afundadas é algo que não quero deixar para os nossos filhos ver. Pior ainda é ver os animais como garças, capivaras, mergulhões e eventuais jacarés perdidos, desesperados nas cidades, revirando essas águas em busca de alimentos. A água que falta diariamente nas torneiras das casas das pessoas na cidade grande, se formos pensar, está logo ali, sem poder ser usada.

Milhares de pessoas anualmente lotam enfermarias e postos de saúde com doenças geradas pela água contaminada. A água que há séculos era adorada pelos povos antigos, a mesma que ajudou a desenvolver civilizações como a egípcia, mesopotâmica, chinesa, que auxiliou na expansão e consolidação do território nacional, hoje causa doenças. Em todo Planeta há conflitos e mortes pela escassez da água, como no caso dos palestinos e judeus em luta constante pela exploração do Rio Jordão e dos sudaneses, egípcios e etíopes pelo Rio Nilo.

Cada grande cidade possui uma quantidade de rios, regatos, riachos e ribeirões imensa, que se forem limpos e preservados, geram abundância de água para todos. No entanto, sujamos os rios e depois cobrimos a sujeira, canalizando-os, para não testemunharmos suas mortes. Muita gente nem sabe que tem rio correndo debaixo de áreas importantes das suas cidades. Em São Paulo, há o rio Anhangabaú e o Córrego do Sapateiro. Debaixo da Avenida 23 de maio, uma das mais movimentadas da cidade, também tem um, o Ribeirão do Itororó e ninguém sabe. Sua nascente fica na parte dos taludes, à direita da Avenida 23 de Maio, nas proximidades do Hospital Beneficência Portuguesa, de onde ele corre canalizado, beirando a mesma avenida, até desaguar no Ribeirão Anhangabaú.

Essa invisibilidade dos rios gera uma amortização no problema que sua contaminação representa. Além disso, quantas áreas impróprias para a ocupação humana, como morros, margens de rios e áreas de mananciais são hoje tomadas por favelas ou condomínios de luxo? E o que podemos fazer além do óbvio, que é economizar e racionar o uso da água em casa e controlar e conscientizar os vizinhos, amigos e parentes?

É nossa obrigação denunciar sempre a má utilização da água e sua contaminação, exigir a cobrança pelo uso de rios pelas empresas e a obrigatoriedade da devolução da água utilizada limpa, além de fiscalizar a retirada das populações em áreas de risco, mananciais e beiradas de rios.

Na maioria das vezes, essas campanhas de conscientização são difíceis. Como você ensina a uma pessoa que mora na favela e não tem água encanada, esgoto e coleta de lixo a não sujar o rio que atravessa o fundo da sua moradia? Muito é falado, ensinado até, mas se o governo não fizer nada e a sociedade como um todo não cobrar, as coisas não vão mudar!

Ver uma favela poluindo um rio que a circunda é triste, mas até "compreensível" devido às circunstâncias em que vivem. O mais difícil é aceitar gente que tem condições de moradia dignas jogando sujeira em um riacho ou usando água preciosa e limpa para lavar quintais e seus carros. Isso pode ser considerado um "pecado" em qualquer religião. E, se você é Pagão e tem essas atitudes, talvez seu lugar não seja nesta religião.

Para os antigos celtas os rios e fontes eram sagradas. Para os indígenas até hoje são. Para os polinésios e nórdicos eram a fonte da vida e o melhor meio de locomoção. Para nós é só água e nada mais. Temos que aprender a mudar isso a cada dia. Como Pagãos, temos que ensinar isso a todos.

PRÁTICAS MÁGICAS COM A ÁGUA

O QUE FAZER MAGICAMENTE?

Há muito a ser feito para a melhoria e conservação de um dos nossos bens mais preciosos. Com a ajuda de diversos grupos Pagãos ou não, podemos conseguir maravilhas, afinal, a água é vital para todos.

Para começar, procure conhecer a hidrografia de sua cidade, saber quantas microbacias hidrográficas, lagos e córregos existem, onde estão os principais mananciais que abastecem de água a sua região. Eleja um rio, um alagado ou lagoa como sua fonte de água sagrada e lute por ele. Uma ideia como essa pode ser semeada e se espalhar rapidamente.

Procure se aproximar do rio. Não é difícil perceber a dor que ele sente. Ela é visível. Você pode sentir o pranto dos espíritos da natureza que ali habitam. Compadeça-se e se comunique com esse rio, riacho, com essa fonte natural de água. Explique as razões de se aproximar e se desculpe pelas atitudes humanas. Diga claramente que você sabe do sofrimento que a humanidade tem causado à natureza e que vai fazer o possível para ajudar a curá-la e restaurá-la.

Se você mora perto dos oceanos tenha em mente que eles também precisam de cura e estabeleça seu compromisso com os Deuses e espíritos dos mares. O esgoto é jogado diariamente ali. A praia precisa ser limpa e preservada e isso pode se tornar uma ação sagrada para você. Lembre-se que a pesca tem que ser moderada e controlada. Os ciclos da vida respeitados. Se o porto de sua cidade é sinônimo de sujeira e poluição, pense no que pode ser feito para mudar essa situação.

Assim como ensinado no elemento Ar, eleve Cones de Poder para mudar atitudes poluidoras das pessoas. Isso por si só já será um bom começo. Lance esta energia sobre si mesmo para mudar suas práticas diárias em relação à água e demonstrar aos outros como fazer o certo para utilizá-la da melhor forma. Agradeça diariamente às águas em sua vida, a água que cura, nutre, alivia, refresca e dá a vida. Lembre-se de que a água está em mais de 70% de nossos corpos, sem ela não viveríamos.

Eleve a energia necessária, faça orações e, se possível, organize atos inter-religiosos na sua comunidade pelo resgate das fontes naturais de água.

Em todas as mitologias religiosas a água aparece como elemento fundamental de purificação, em cenário de milagres, devastando o mundo em dilúvios e salvando muitas espécies.

Deuses que podem ajudar em seu trabalho para a melhoria da água: Netuno, Poseidon, Afrodite, Ran, Aegir, Njord, Llyr, Manannan, Sedna, etc.

Espíritos da natureza relacionados ao elemento Água: as ondinas, sereias, iaras e tritões são os mais atuantes e conhecidos.

Após finalizar sua conexão com a Água, registre como foi sua experiência no diário e repita essas ações quantas vezes julgar possível e necessário.

Lembre-se de que os nomes dos elementais podem mudar de uma cultura para outra e que os espíritos da natureza variam de lugar para lugar. Pesquisar é algo mágico e pode se tornar uma experiência enriquecedora.

A água é um dos nossos bens mais preciosos. Bruxos conscientes preservam esse bem pois reconhecem, além de tudo, a sua sacralidade.

CAPÍTULO 6

A MAGIA SELVAGEM QUE HABITA NOSSAS CIDADES

Na cidade em que eu moro, São Paulo, há duas grandes represas – a Guarapiranga e a Billings –, três importantes rios – Rio Tietê, Rio Pinheiros e Rio Tamanduateí – e dezenas de rios secundários como o córrego do Sapateiro, Ipiranga, Cabuçu, Aricanduva, dentre outros. É possível dizer que temos até uma centena de córregos, regatos, riachos, lagoas e lagos espalhados por toda a capital, além dos mananciais diariamente invadidos e reduzidos nas bordas da metrópole, sem contar com as nascentes da Serra do Mar e da Serra da Cantareira.

Áreas de proteção ambientais permanentes também fazem parte dessa riqueza, como, por exemplo, a APA Capivari-Monos, a APA Bororé-Colônia, a APA Iguatemi e a APA do Carmo. Há, ainda, quatro unidades de conservação estaduais: Reserva da CUASO, Parque Estadual Cantareira, Parque Estadual Fontes do Ipiranga, Parque Ecológico do Tietê e mais de 30 parques municipais, além de áreas particulares de preservação ambiental nas regiões Norte e Sul do município.

Foram identificadas e catalogadas 312 espécies de animais silvestres nessas áreas, dentre elas 8 diferentes espécies de peixes, 21 espécies de anfíbios, 28 espécies de répteis, 215 espécies de aves e 40 espécies de mamíferos. Mais de 6 mil espécies se fazem presentes na flora do município, sem contar aquelas que vivem nas áreas de Mata Atlântica, que podem, ainda hoje, apresentar espécimes desconhecidas, mesmo que sua área de cobertura tenha sido reduzidíssima.

A cobertura vegetal que existe hoje neste município – ainda que pareça impossível, há sim uma cobertura vegetal e diferentes biomas nesta selva de pedras – é constituída basicamente por: fragmentos da vegetação natural secundária (floresta ombrófila densa, floresta ombrófila densa alto da montanha, floresta ombrófila densa sobre turfeira e campos naturais), que ainda resistem ao processo de expansão urbana. Essa vegetação se encontra em porções mais preservadas no extremo Sul, na Serra da Cantareira, ao Norte, e em manchas isoladas, como as APAs do Carmo e Iguatemi, na Zona Leste; por ambientes implantados, em áreas urbanizadas, restringindo-se aos parques e praças municipais e à escassa arborização viária, e por conjuntos ou espécimes isolados em terrenos particulares. Basicamente Mata Atlântica, área de várzeas e alagados, campos de altitude e áreas de reflorestamento nem sempre de espécies nativas.

Temos aqui pau-brasil, ipê-amarelo, veado-mateiro, onça parda, capivara, jacaré, isso tudo dentro da área metropolitana.

Há também em São Paulo os nativos, ou, como erroneamente muitas vezes são denominados: os *índios*. Por mais incrível que possa parecer, a maior parte da população da cidade desconhece isso e se assombra quando o assunto é trazido à tona, uma experiência que pude comprovar muitas vezes em sala de aula com meus próprios alunos. De acordo com a SMADS (Secretaria Municipal de Assistência e Desenvolvimento Social), na capital paulistana temos duas aldeias indígenas na Zona Sul, em Parelheiros (Tenondê Porã e Krukutu), e quatro na Zona Oeste, no Pico do Jaraguá (Tekoá Ytu e Tekoá Pyao), com uma população estimada em 900 indivíduos. São indígenas da nação Guarani M'Bya. Além de índios Pankararu vivendo em favelas da capital (mais ou menos 116 famílias que migraram do Nordeste para a região metropolitana de São Paulo). São estimados 50 mil indígenas na Grande São Paulo e dez etnias representadas na região, que sobrevivem de doações da prefeitura, esmolas e da venda de artesanatos. Além de serem submetidos a subempregos e estarem sujeitos a altos índices de desnutrição e analfabetismo, esses povos nativos de tradições milenares, filhos da Deusa, estão agonizando em meio aos centros urbanos. Porém, esses povos são os Guardiões Sagrados deste lugar por direito, e podemos aprender muito sobre seu saber ancestral, que pode contribuir altamente para a mudança da nossa visão de mundo, a fim de vivermos uma vida em maior integração e sintonia com a terra.

Tendo tudo isso em vista, será que é preciso realmente ir para o interior, para o campo, outro estado ou país à procura da sabedoria da natureza viva, que é a própria Deusa?

A resposta é: claro que não!

Mas será que enxergamos isso com clareza, ou nos iludimos com um mundo mágico e distante de nós, algo meio utópico, parecido com os contos de fadas e impossível de ser alcançado?

Como Pagãos que somos, ficamos romantizando comunidades alternativas em locais distantes, o que, na verdade, se for criado, vai gerar destruição e impactos ambientais negativos incalculáveis. Enquanto Bruxos, devemos ter a convicção de que não devemos tornar as áreas rurais distantes em espaços mais urbanos, mas, sim, tornar mais naturais os espaços urbanos.

Então, o que fazer?

Podemos e devemos criar, desenvolver e prestar atenção às ideias que podem gerar *mudanças* significativas para todos. Temos a riqueza da Mãe Terra bem abaixo de nossos narizes alérgicos. O que podemos fazer para honrá-la aqui mesmo dentro dos limites da cidade?

Precisamos resgatar esse senso de sacralidade, e esta obra apresenta muitas opções, alternativas, fatos e vias que podem promover essa ação.

RITUAL PARA SE CONECTAR COM A ESSÊNCIA NATURAL ORIGINAL E SELVAGEM QUE RESIDE NA SELVA URBANA

Agora é hora de meditar!

Para isso, busque um local seguro próximo a um ambiente natural como uma praça, um parque, uma reserva ambiental, um horto. Este é um ótimo exercício para deixar a costumeira preguiça urbana de lado e ir para rua.

Se você tiver dificuldade com visualização e meditação, ou não tiver o hábito de meditar, grave previamente os primeiros passos da meditação e deixe sua mente fluir dentro da proposta lida, ou peça para que alguém leia as etapas da visualização para você.

Coloque uma música ritmada, ouça os sons da batida de um simples tambor ou qualquer outro som que facilite sua concentração e permita a você fechar os olhos e enxergar além do véu dos mistérios por meio do olho da mente. Sente-se bem acomodado, equilibre-se, respire em quatro tempos, busque os elementos da natureza dentro de você e sinta eles se harmonizando em seu interior. Toque o seu corpo e sinta a Terra. Respire, inspire e expire e se conecte com o Ar. Sinta a temperatura do seu corpo e se harmonize com o Fogo. E, enquanto engole sua saliva, sinta a Água.

Abra os olhos da mente e perceba a realidade ao seu redor. Busque os detalhes na paisagem que o permeia e, encontre nela uma passagem, algo como uma caverna, um oco de árvore, um arco por entre os troncos ou arbustos que vão servir como um portal de acesso ao Outromundo.

Atravesse o portal escolhido e busque ouvir o pulsar da terra, a canção do vento, a umidade da água e as centelhas de vida pulsantes ao seu redor.

Agora olhe em volta e busque se conectar com essa essência sagrada, sentindo a força da mata, das árvores e dos arbustos. Perceba a força que a natureza tem ao seu redor, a força dos espíritos das árvores nativas, dos animais que muitas vezes deveriam estar em seu habitat natural, mas estão ali, misturados ao cinza monótono e monocromático da cidade em que você vive, mostrando a rebeldia de não se renderem ao homem e suas estruturas artificiais e invasoras.

Chame os espíritos dos animais, das plantas, das rochas e das pedras. Busque a essência sagrada que pulsa escondida em meio ao cimento e do asfalto.

A partir daí, aproveite as imagens e as possíveis visitas que receberá em sua meditação. Deixe a imaginação fluir. Se tiver dificuldade de imaginar, perceber essa energia pulsante ao seu redor por si só já será mágico em seu próprio mérito.

Pode ser que durante sua jornada algum aliado totêmico se apresente a você na forma de um animal sagrado para ajudá-lo a encontrar com mais facilidade essa sacralidade perdida, que muitas vezes não enxergamos, mas que estão presentes nas plantas rompendo o cimento, nas árvores prosperando em meio ao asfalto e na imensa diversidade da fauna ao seu redor.

Após alguns minutos de meditação, quando estiver explorado tudo o que desejava, respire bem fundo, acalme seu coração e lentamente retorne.

Essa é uma jornada de busca e contato com a essência sagrada da natureza, que pode estar oculta, mas jamais ausente nas grandes cidades.

Registre no seu caderno as impressões e os sentimentos despertados durante esta meditação, para ser consultado futuramente, a fim de provocar maiores reflexões sobre o objetivo e benefícios desta jornada.

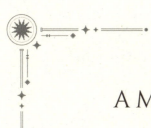

CAPÍTULO 7

A MAGIA DA FAUNA E FLORA URBANAS

"PORQUE ERVAS NÃO BROTAM EM SAQUINHOS E ANIMAIS NÃO ESTÃO APENAS EM JAULAS E NOS DOCUMENTÁRIOS DA DISCOVERY."

Você realmente conhece as ervas que usa nos seus feitiços, rituais e poções? Consegue identificar um pé de artemísia ou de tomilho em um vaso? Para você um animal de poder é coisa de xamã e só auxilia magicamente aqueles que são selvagens e europeus?

Temos um problema se sua resposta for: Não / Não / Sim.

Se este for o seu caso, podemos classificá-lo como *bruxendus di botiques*, ou, em linguagem comum "bruxo de lojinha", com seus cristais, ervas de saquinho e repleto de purpurina.

O quão válido você acha que é ser um Bruxo que usa ervas, mas que nunca plantou nada além do pezinho de feijão no algodão durante a escola primária?

Dezenas de problemas se apresentam nesta atitude. Alguns vão dizer: "minha vida é muito corrida para plantar ervas, e meus feitiços sempre funcionaram com a erva de saquinho". Podemos até dizer que feitiços e poções realizados com o conhecido método "tabela de livros + analogias + loja de conveniência" funcione e seja válido. No entanto, o problema se apresenta quando você superidealiza o passado em detrimento do presente, dizendo coisas como: "eu gostaria de estar na antiguidade e cultuar meus Deuses livremente no campo".

Sim, se sua atitude é usar em seus rituais tudo industrializado e feito em série, sejamos sinceros, você não curte a antiguidade e seu modo de vida de verdade. Você é apenas um romântico incurável, que tem fetiche por um passado que nunca viu!

Se deseja um modo de vida Pagão autêntico, comece a fazer o que é possível para trazer mais natureza para seus rituais e práticas. Nada é mais gratificante do que ver as ervas brotarem, regá-las, conversar com elas, pedir-lhes um galho, uma flor, um fruto ou uma semente e dar-lhes algo em troca. É prazeroso acompanhar seu desenvolvimento e derramar lágrimas com sua partida.

Atualmente é inevitável comprar coisas para seus rituais nas lojas de conveniência do bairro. Claro, não dá para plantar tudo em casa. Mas o que for possível, plante, e sinta com isso uma espécie de resgate com seus Antepassados Pagãos e esse tempo perdido do qual nenhum de nós fizemos parte.

Todos podem plantar ao menos algumas ervas mágicas em seu jardim. Isso é possível de ser feito até mesmo em apartamentos com técnicas de mini-hortas. E lembre-se, não só o carvalho, a bétula ou o freixo são sagrados. Todas as ervas são mágicas! Nada é mais fácil de cuidar do que vaso de violetas, alecrim ou lavanda, que são ótimas ervas para uma infinidade de feitiços e poções. Também é possível guardar as pétalas daquelas rosas que você ganhou no Dia dos Namorados, ou as sementes do girassol que estava naquele buquê dado de presente no dia do seu aniversário. Sempre há alternativas para tornar seus rituais mais naturais.

Se você se animar, é possível plantar quase tudo o que quiser naqueles vasos compridos de lojas de R$ 1,99. E com mais alguns reais ainda pode comprar um saco de terra vegetal, e, *voilà*, terá espaço para três mudas diferentes de ervas e plantas que podem ser encontradas nas feiras de rua do seu bairro e que custam muito pouco, como manjericão e tomilho, por exemplo.

Por menos que o preço de um cafezinho você terá uma horta mágica em sua casa, isso se não conseguir as mudas com alguns vizinhos e parentes, a terra em seu próprio quintal e, se quiser ser verde de verdade, não precisa nem gastar com vasos, corte algumas garrafas pets ao meio para plantar suas pequenas ervas.

Feiras livres, terrenos baldios, canteiros e jardins de vizinhos e avós são ricos em espécimes que podem ser levadas para sua casa, para seu apartamento ou estúdio e que irão enriquecer de maneira ímpar sua experiência mágica. Para completar a experiência, existem ótimos livros de medicina popular, de fitoterapia, que são verdadeiras enciclopédias mágicas na utilização das ervas e que podem se tornar seus verdadeiros guias, inclusive como alternativas para ajudar em tratamentos de saúde.

A cidade está repleta de ervas, plantas e flores que podem ser usadas em seus rituais.

SUGESTÃO MÁGICA

Faça uma jornada mágica pelos seus arredores e catalogue as plantas, árvores e afins. Use esse encontro com a flora urbana, uma experiência mágica. Crie sua própria coleção de tabelas de analogias mágicas.

Catalogando as ervas, árvores e plantas que podem ser usadas magicamente ou terapeuticamente e estão ali disponíveis ao seu redor, honre os espíritos desses vegetais ofertando libações sempre que precisar colher algo.

Faça o mesmo com o solo da região (praças, canteiros, onde houver pedras, areia e afins), e com os animais, neste caso honrando a presença deles e ajudando das diversas formas sugeridas no capítulo.

Anote tudo no caderno e compartilhe.

ALIMENTANDO-SE DE FORMA SAGRADA

No que diz respeito à sua alimentação é necessário lembrar de que a grande maioria de nós se alimenta da carne de animais que foram abatidos sem qualquer honra e caráter ritualísticos. Hoje, acordamos e, vamos ao açougue, escolhemos um pedaço de carne, voltamos para casa e o consumimos sem pensar que aquela fonte de alimentação um dia também foi um ser vivo.

Tornar sagrado o ato de se alimentar é o primeiro passo para uma alimentação consciente. Agradecer ao espírito daquele ser que foi morto, muitas vezes em condições de extrema crueldade, para nos alimentar, é o mínimo que podemos fazer antes das refeições. Desculpe-se pela forma como ele foi tratado, abatido e adquirido. Prepare com amor a sua refeição e agradeça a nutrição que ela vai lhe proporcionar. Evite ao máximo, se possível, produtos de origem animal que com certeza foram violentamente mortos, ou tratados com crueldade: *Foie Grass*[3], Vitela, Caviar de esturjão, Baby Beef, animais que possam ser consumidos vivos e, principalmente, a carne de animais silvestres caçados ilegalmente ou não, que podem até ser gostosos, mas cujo modo de caça não é nada legal. Sem contar os animais em vias de extinção, que acabam sendo muitas vezes os mais desejados para o consumo. Não compre também frutos do mar e peixes que estão abaixo do tamanho legal para extração. Lute sempre contra a caça às baleias, sob qualquer pretexto, científico ou não. Evite consumir atum e salmão nas épocas de desova. Tudo isso são formas de honrar nossos irmãos de penas, pele, escamas e pelos. Todo mundo pode viver sem consumir esses animais.

Outro ponto delicado, mas que não pode deixar de ser falado, são os animais domésticos, vítimas de um incessante comércio de almas, que podem até ser bem tratados pelo criador, mas que, na maioria das vezes, são vistos somente como peças de comércio com valor nominal de mercado. Todos os dias descobrem criadouros de animais domésticos, cujos animais são tratados sem as mínimas condições de higiene e saúde.

Denuncie sempre que souber de abusos: vizinhos que maltratam animais, carroceiros que abusam de seus cavalos e mulas, expondo-os a exaustivos turnos de trabalho e açoitando seus corpos, rinhas cruéis de cães e galos. Todos esses atos desprezíveis são apenados legalmente com multas e até prisão dos criminosos.

---

3 Fígado de aves aquáticas com esteatose hepática, adoecidos propositalmente pelo sistema de produção, ou seja, os produtores adoecem as aves para que possam produzir o *foie gras*.

Castre seu animal doméstico se não for ter condições de criar seus filhotes em caso de acidente. E sempre que puder, castre um animal abandonado para que ele não aumente o contingente de almas perdidas nas cidades.

Opte sempre pela adoção em vez da compra de animais domésticos. Adote conscientemente, analisando se poderá ficar com ele para sempre. Animais têm sentimentos e se apegam aos donos. Não trate seu animal de estimação como apenas um objeto ou enfeite. Trate-o com carinho, respeito e amor.

Um em cada dez papagaios traficados ilegalmente para a venda sobrevive, para se ter uma ideia. Portanto, nunca compre animais silvestres ilegais e denuncie esse ato sempre que possível.

Se você for usar partes de animais em seus feitiços (pés de coelho, dentes de cavalo, penas, ovos, leite, ossos de frango ou espinhas de peixe), procure saber a procedência desses produtos, e, assim como o alimento, sempre agradeça e honre ao espírito daquele ser.

Honrar esses seres vivos, o que inclui animais e vegetais, é um ato mágico em seu próprio mérito.

Não se esqueça de pedir proteção aos Deuses para os seus animaizinhos e plantas e de consagrá-los às divindades relacionadas a eles: cães à Hécate; gatos à Freya ou Bast; cavalos à Epona e assim por diante.

ANIMAIS DE PODER URBANOS

Podemos nos conectar com a essência divina dos animais que se apresentam dentro de uma visão sagrada e animista que é tão antiga quanto a presença humana sobre a Terra.

Longe de querer transparecer uma apropriação cultural, como fazem alguns dos jovens místicos que transformam tudo o que é sagrado em produto de *rave* psicodélica ou em *trends* no TikTok, resgatar de alguma forma o contato com a *Anima Mundi* inclui recuperar essa proximidade com os espíritos sagrados de nossos irmãos de quatro patas, asas, escamas e pelos. Conectar-nos com eles pode servir para nos mostrar a capacidade de resiliência, sobrevivência e resistência surpreendentes. Isso demonstra como somos capazes de sobreviver nas grandes cidades e transformar a realidade que nos cerca.

Alguns animais são símbolos dessa resistência e têm um poder maravilhoso que pode nos ensinar, de certa forma, a sermos pessoas melhores. Esses animais podem nos reconectar com o animal que somos e nos fazer lembrar que a famosa teia da vida que nos une, é a mesma que nos conecta com os animais, vegetais e minerais em toda a sua essência sagrada e mundana.

Tudo isso serve como o início de uma jornada, capaz de mostrar a esses seres e aos grandes espíritos que desejamos nos reconciliar com eles e que eles merecem nossa total atenção. Assim, será possível nos integrarmos e trabalharmos juntos em termos mágicos, enquanto eles se tornam nossos animais de poder.

Aqui serão apresentados alguns animais emblemáticos da nossa região, comum aos olhos de todos, o que, por sua vez, muitas vezes faz com que eles passem despercebidos nas práticas rituais e xamânicas de muitas pessoas. Por não serem animais europeus, norte-americanos, africanos ou de destaques em listas de animais de poder, ficam esquecidos. Afinal, muita gente quer ter como seu animal de poder algo aparentemente poderoso, como um bisão, um corvo, um lobo.

Mas e como fica a capivara na fila da jornada xamânica de poder? Todo animal tem uma medicina para ensinar e para ser absorvida e trabalhada. Vamos ressaltar aqui, aqueles animais que vivem na nossa paisagem urbana, que falam diretamente com a nossa história e com a nossa terra.

CAPIVARA: este é um dos animais mais tranquilos que existe. Vive pacificamente com todos os outros: cães, gatos, jacarés, tartarugas, garças. Enfim, quem nunca quis fazer carinho em uma dessas lindas criaturas da natureza? A capivara é aquele ser que em sua paz de espírito evoca à maternidade, à fecundidade e está sempre rodeada por inúmeros filhotinhos, bem protegidos e cuidados. Sua calma e placidez em meio ao caos urbano nos ajuda a trabalhar o medo, o pânico e a proteção que precisamos para nos sentirmos bem em meio à rotina diária mais alucinada. Seja de boa como a capivara, aprenda com ela que até no Rio Pinheiros é possível se manter de pé.

URUBU: se a Europa tem o corvo, nós temos o urubu, a grande ave da purificação e do renascimento, aquela que representa a destruição do velho para chegada do novo. O urubu pode ser associado ao grande abutre sagrado no Egito. Para nós, ele também é sagrado, pois resiste e reina nas condições mais adversas possíveis, fazendo inclusive de suas fezes um poderoso antibiótico que escorre por suas pernas, refrigerando-as e purificando-as. Seu voo é perfeito, e sua visão é precisa. O urubu traz traz a medicina da limpeza. Ligado ao Sol e ao Fogo, ele renova a terra permitindo que em suas ações necrófagas, o ambiente seja purificado para que o novo floresça.

LAGARTIXA: este minúsculo ser, tão querido, convive conosco de forma singular, ajudando-nos com o controle dos insetos trazendo-nos lições de alegria, adaptação e capacidade de renovação, tranformando o velho em novo. Lagartixas trazem o poder da cura, do otimismo, da regeneração. Elas estão sempre em movimento, adaptando-se, transformando-se e permitindo que o ambiente se torne favorável às suas necessidades.

GATO: os gatos são tão previsíveis como seres poderosos e mágicos, que muitos acabam subestimando seu poder de cura. Sagrados no Egito, eles tinham como representação a Deusa Bastet. Entre os nórdicos eram associados à Freya. Gatos são animais independentes, que escolhem seus pares e só demonstram amor e carinho a quem eles julgam ser digno. Esses animais são associados à magia, aos mistérios, aos enigmas, à alegria e à sensualidade. São tantos os atributos e lições que podem ser associados aos bichanos que poderíamos escrever um livro mágico só sobre eles. O poder de cura do gato é a capacidade de ser livre, independente e sagaz.

POMBA ROLINHA: como as demais pombas, essas são subestimadas por terem se multiplicado nas cidades descontroladamente, por conta da habilidade do homem em interferir na natureza, trazendo espécies de outros lugares e causando desequilíbrios. As pombas, em sua essência, são animais que evocam a paz, a tranquilidade e que também têm a capacidade de se adaptar, sobreviver, estar bem em plenitude e mostrar isso com suas atitudes. Elas trazem a energia da cura para o estresse e o desequilíbrio. Mesmo sendo tão controversas, essas pequenas pombas de tantas espécies são furtivas, alegres e independentes em meio ao caos das cidades.

SAPO CURURU: como a borboleta, nosso amigo que reside em lagos, alagados e poças das cidades traz o poder da transformação, renovação e a capacidade de se multiplicar. Isso mostra também o poder da fertilidade, da abundância, tornando-o ligado em muitas culturas nativas às energias da criação e ao sagrado. Para muitos, é um ser mágico que, apesar da adversidade, adapta-se facilmente e prospera.

JACARÉ: o bom e velho jacaré sempre aparece no Rio Tietê ou no Rio Pinheiros. Símbolo de resistência, é associado à altivez, àquele que vê do alto. Ao mesmo tempo que é dotado de uma agressividade sem igual, sabe direcionar isso para os momentos certos sem gastar energia explodindo à toa. Afinal de contas, basta ver a convivência deles com as capivaras e as tartarugas. Podemos extrair dessa lição a sobrevivência e a visão clara daquilo que precisamos: estar certos de onde focar nossas forças, onde devemos ser verdadeiramente agressivos.

PAPAGAIO: soltos pela cidade, porque se adaptaram ou porque fugiram do cativeiro, os papagaios nos ensinam a comunicação, o trabalho em grupo e a cooperação. Eles trazem a lição do entendimento diplomático, do compromisso, de falar bem e claramente e de expressar o que queremos dizer de forma direta e simples.

GARÇA BRANCA: essa ave traz a energia da altivez, equilíbrio e sabedoria. Sua existência representa aqueles que são capazes de realizar qualquer coisa, que são plenos. Associadas à sabedoria na cultura celta e egípcia, a garça está em todos os continentes e se adapta com uma capacidade singular aos ambientes, mostrando sempre essa coragem de enfrentar o desconhecido. Representa a energia da realização e sucesso nas empreitadas.

QUATI: o parque ecológico do Tietê, em São Paulo, está cheio deles. São animais alegres, comunicativos, repletos de sabedoria e capacidade de adaptação. Os quatis são seres comunitários, habilidosos, ajudam muito uns aos outros, têm um sentido de grupo e de solidariedade enorme, trazem a lição da cooperação, da alegria e muita generosidade. Uma vez que são assim entre eles mesmos, ensinam os filhotes dentro dessa mesma perspectiva.

SAGUI: sempre que vemos um pelas extremidades da cidade ficamos encantados. Esses pequenos macaquinhos trazem a a lição da alegria e da cooperação. Uma das suas grandes forças é a capacidade de alegrar o ambiente, tornar o lugar festivo e acolhedor, além de possibilitar uma energia integradora com inteligência, esperteza e muita agilidade. Os saguis nos ensinam a sorrir, a cultivarmos a nossa alegria e a nos lembrarmos de nossas crianças interiores. Ao mesmo tempo, lembra-nos de como podemos ser práticos e precisos.

CAXINGUELÊ: esse carinha simpático e feliz nos lembra de sermos precavidos e de termos uma economia equilibrada. É só nos lembrarmos de que ele está sempre por aí, acumulando coisas e alimentos para a necessidade sua, de seus filhotes e de seu bando que já nos sentimos inclinados a fazer o mesmo. São animais espertos e sagazes, que encontram caminhos novos e possíveis, ajudam a buscar saídas e nos ensinam a preservar as coisas e a planejar o futuro.

VIRA-LATA CARAMELO: os cães trazem a lição de fidelidade e do amor incondicional, não porque muitas vezes são maltratados e se mantêm fiéis aos seus donos, mas por eles sentirem e entenderem a defeituosa natureza humana. O vira-lata representa a confiança que perdemos uns nos outros, porque ele é capaz de confiar, de ser fiel e leal e de proteger com garras e presas a quem ama. O que nos mostra também a questão da lealdade com nossos ideais, com aquilo que realmente acreditamos e deixamos de lado muitas vezes, fazendo infinitas concessões e esquecendo de quem realmente somos. Eles nos lembram de sermos fiéis a nós mesmos.

MEDITAÇÃO PARA CONTATO COM OS TOTENS SAGRADOS

Agora é chegada a hora de buscar a força dos animais para promover sua integração com toda a natureza e a vida. Tenha em mente para essa meditação um dos animais de poder que você acabou de conhecer. Se desejar, faça uma pesquisa prévia sobre eles antes de começar a meditação e conheça mais sobre suas características físicas, comportamentos e afins.

Sente-se de forma confortável em um local silencioso e calmo. Se desejar, use uma música para auxiliar durante a meditação ou grave uma batida ritmada de tambor para conduzir em sua jornada. Faça uma respiração de quatro tempos, limpe sua mente e mantenha seus pensamentos claros e apaziguados.

Visualize um imenso campo verde, repleto de árvores, arbustos e pedras, margeado por um rio e uma mata ciliar fechada.

Comece a andar por esse campo buscando o animal de poder com o qual você deseja se integrar. Chame por ele respeitosamente e peça para que se apresente a você.

Assim que o animal surgir, faça uma saudação e converse com ele. Diga que gostaria de conhecê-lo melhor e aprender com seu poder de cura, ao mesmo tempo que procura saber como poderia contribuir para ajudar seus irmãos na cidade e cuidar de suas contrapartes espalhadas pelos parques e terrenos.

Assuma um compromisso de aprendizado e parceria com seu Totem. Lembrando sempre de que este animal sagrado não está ali para atender seus desejos e pedidos, mas, sim, para lhe ensinar e compartilhar conhecimentos. Tenha um compromisso com a natureza em sua cidade, para que seja sempre uma via de mão dupla.

Esse processo pode ser repetido com todos os outros animais apresentados.

Anote suas experiências e aprendizados.

CAPÍTULO 8

SERES MÁGICOS URBANOS

E PORQUE ELES NÃO ANDAM MUITO FELIZES CONOSCO

Falar sobre o Povo das Fadas nunca é uma tarefa fácil, ainda mais com a maioria das pessoas acreditando que fadas se aparentam com as imagens encontradas em pequenas estátuas simpáticas, ou são como aqueles personagens de contos infantis, sempre belas, atrapalhadas e divertidas.

E algumas são bem divertidas mesmo. Mas vai muito além disso. Essas pequenas criaturas são, na verdade, Deuses antigos que por muito tempo tiveram sua existência questionada, duvidada ou diminuída. Algumas delas foram até mesmo personificadas como algo ruim, maligno conectadas com uma mitologia alheia à sua realidade.

As fadas estão ligadas às energias primárias/telúricas/ctônicas e às linhas energéticas do Planeta. Muitas estão associadas com divindades, ou até mesmo são divindades antigas que foram reduzidas com o passar da história. Cada pedaço de madeira, cada árvore, pedra, cristal, cada região, bioma, ecossistema, cada objeto fabricado a partir de matérias primas naturais possuem partes de sua essência e estão associados a indivíduos de suas espécies.

Para algumas pessoas pode parecer maluquice alguém dizer que acredita em fadas! Mas é certo que elas existem e estão mais presentes na vida humana do que se pode imaginar.

Nos dias atuais, nas grandes cidades, a maioria das pessoas sequer sabe da existência das fadas. Os poucos que sabem, dividem-se em três grupos distintos que pensam da seguinte maneira:

- Fadas servem a humanidade e por isso devem ser controladas.
- Fadas são criaturinhas inofensivas da natureza, fofas e alegres.
- Fadas são seres inteligentes, interativos e reais.

A palavra "fada" é um termo amplo, que não designa gênero, é apenas um substantivo próprio. Podemos chamá-las de diferentes maneiras, as mais comuns são: Elementais, Povo das Fadas, Povo Pequeno, Bons Vizinhos, Bons Amigos, etc.

Existem muitas classificações para esses seres. As fadas são encontradas em todas as culturas do mundo sob diferentes formas. Mas uma coisa é certa: elas estão em todas as partes, sempre!

Ao contrário do que se pensa, o Povo das Fadas pode ser encontrado também na selva de pedras e em sua paisagem natural urbana. Porém, as fadas estão escondidas. Devido à falta de confiança e ao medo da destruição causados pelos seres humanos, mostram-se apenas para pessoas que sinceramente querem partilhar algo com elas e não só pedir, ou até achar que podem "mandar" nelas.

Esses e outros seres elementais foram perseguidos, endemoniados, transformados em personagens de contos infantis, ridicularizados, colocados em pinturas e estátuas de outras religiões de maneira violenta e corrupta, foram desacreditados e tiveram seus habitats constantemente destruídos. Por que então deveriam ficar se mostrando para gente?

Provavelmente, se todos vissem ou soubessem onde eles vivem, seriam caçados e estudados feitos animais de laboratório.

Antigamente era mais comum as pessoas falarem sobre isso, acreditarem nessas histórias, onde pequenos seres ajudavam nas tarefas de casa, ou bagunçavam tudo. Florestas e pântanos perigosos para os seres humanos se tornaram habitações de trolls, gigantes e dragões. Apesar de hoje a maioria das pessoas não levar a sério isso, na Islândia ainda se constroem estradas fazendo curvas em áreas onde tradicionalmente vivem elfos e trolls, porque ninguém quer que eles fiquem zangados.

Os seres do Povo Pequeno coabitam o Planeta conosco, e não é nada ruim, quem sabe, termos boas relações e até algum tipo de contato com eles, estabelecendo uma harmonia entre nossos vizinhos mais antigos e que não estão muito felizes por conta de como tratamos este Planeta.

Como anteriormente mencionado, eles também estão nas cidades grandes e cinzentas e estão extremamente insatisfeitos com o que fazemos por aqui. O desrespeito com a Terra, o Fogo, o Ar e a Água, com suas moradas, com os animais e as plantas nas cidades e em qualquer outro lugar os entristece.

Esses seres vivem bem ao nosso lado, habitando nossas casas e jardins. Temos fadas do mofo e das frestas, em bosques e parques, mas nem todos são capazes de vê-las.

Ter a amizade de um desses seres mágicos pode ser algo fantástico. No entanto, são eles que decidem se somos merecedores disso. O quão leal e verdadeiro você será com eles? Afinal de contas, são séculos de perseguição e exploração. Ter um contato amigável com esses seres é algo realmente sério. Nunca empenhe sua palavra com eles se você não puder cumprir. Caso isso aconteça, nunca mais lhe responderão.

A aproximação com os espíritos da natureza depende não só da sua atitude em relação a eles, mas também das suas ações em prol do Planeta, da sua cidade, do seu bairro e até da sua própria casa. Como pode querer uma comunicação com as fadas do seu jardim se você não dá a mínima atenção para as plantas?

Veja a sugestão a seguir, modifique-a conforme sua necessidade.

MONTANDO UM JARDIM DAS FADAS

Em um espaço predeterminado, como, por exemplo, um grande prato de madeira, uma prateleira fixa, um local dentro do jardim cercado por pedras, um vaso, etc., você vai juntar um punhado de coisas chamadas de *feéricas,* como: moedas vermelhas, pedras coloridas, pequenas casinhas de pedra ou de madeira que você mesmo pode fazer, cascas de árvore e galhos, miniaturas de fadas e outros seres mágicos (estatuetas, bibelôs, miniaturas de jogos) e um pote com água pela metade. Você também pode incluir ervas de fadas como trevo-de-três-folhas, tomilho, lavanda, sementes, frutas secas em um potinho, etc.

Decore tudo de maneira que você considere que vai agradar o Povo das Fadas. Lembre-se de que esses seres não consistem em estátuas bonitinhas de plástico ou gesso. Então, para construir esse espaço, imagine uma área com coisas pequenas, naturais e que façam sentido para agradar aos olhos de quem vive na natureza. Para finalizar, cerque a área com sete pedras.

Assim que estiver tudo pronto, coloque uma música alegre, mentalize bem o motivo deste ato e invoque Aine, "a Senhora de Todas as Fadas", Deusa Solar irlandesa, celebrada na Colina de Knockaine. Considerada filha de Eogabail, um rei dos Tuatha Dé Danann, filho adotivo de Manannan, Aine é a brilhante Deusa Fada, a quem as montanhas de Knockaine, às margens do

Rio Lough Gur, foram consagradas. Ao longo dos séculos, ela tem sido cultuada como uma Deusa do amor, protetora dos pastos e gados, da agricultura, fertilidade, colheita e dos animais. Em meditação, a Deusa aparecerá a você. Diga a ela o que deseja e porque gostaria de travar uma aliança ou amizade com ela e o Povo Pequeno. Diga que todos os elementais são bem-vindos à sua casa e que este espaço que você construiu pode ser habitado por eles. Então, ouça o que a Deusa tem a lhe dizer. Agradeça a sua presença e volte da meditação. Olhe para o Jardim das Fadas e trace sobre ele um heptagrama[4] (estrela de sete pontas, a estrela dos elfos ou das fadas) dentro de um Círculo anti-horário. Isso vai abrir um portal entre o Mundo das Fadas e o nosso. Em voz alta, convide os seres feéricos para fazerem parte de sua vida e entrarem em sua casa. Faça uma oferenda de frutinhas ou doces tradicionais com mel, leite, aveia e pão doce.

A partir daí, mantenha sempre esse contato. Nunca ofereça demais e nem de menos, pois o Povo Pequeno pode se ofender facilmente com o desperdício ou a escassez. Considere este singelo ato como um portal que vai abrir a comunicação entre você e o Povo das Fadas. Aguarde que, aos poucos, se você for merecedor, eles irão começar a se manifestar e a estabelecer comunicação. Boa Sorte.

OS DRAGÕES DA CIDADE

Fadas e dragões existem e vamos partir da premissa de que esses seres convivem conosco, mas que nem todo mundo os vê, sente ou escuta.

Os dragões foram inseridos aqui, porque seria impossível não falar deles ao abordar o Povo das Fadas. Dragões fazem parte da história mitológica de todos os povos e estão presentes como

---

4 Vide Compêndio.

grandes seres alados agressivos e que compartilham sua sabedoria ou destroem tudo ao redor para proteger seus tesouros.

São seres bastante complexos e estão ligados às energias mais primitivas do Planeta, forças brutas inteligentes e sagazes. Muito vaidosos e sábios, apenas ajudam aqueles que julgam merecedores. Os dragões são os grandes guerreiros da Deusa e aparecem em todas as culturas antigas, desde a China, até o Peru, da Austrália até a Inglaterra.

Eles estão onde desejam, pois conseguem mudar de forma, podendo, inclusive, assumir a aparência humana. Alguns mitos dizem que muitos dragões participaram de grandes batalhas na Antiguidade sob a forma humana.

Eles aparecem amplamente em todas as mitologias e cosmologias. Sempre tem alguém que vê, viu ou sentiu que uma grande serpente habita um riacho, um grande rio, uma montanha, um vale ou uma floresta. Aqui no Brasil, por exemplo, temos a Cobra Grande, o M'boitatá, assim como outros seres fantásticos, que facilmente poderiam ser comparados aos dragões das lendas europeias ou asiáticas. Temos nossos calangos mágicos também. Então, por que não nos harmonizarmos com esses belíssimos seres ou com as divindades que trazem a energia desses seres juntos consigo?

MONTANDO UM NINHO DOS DRAGÕES

Assim como foi feito com as fadas, monte um espaço para os dragões, porém um pouco diferente, demonstrando força, beleza e inteligência. Aqui você vai poder usar representações de dragões ou desenhos em relevo, por exemplo.

Para esta prática prepare um texto bem escrito, onde irá se apresentar a eles e meditar com Tiamat, "a Senhora de Todos os Dragões". Tiamat é uma antiga Deusa da Mesopotâmia, associada ao caos primordial e ao mar. Nos mitos, ela simboliza a força do caos e é retratada nas descrições do *Enuma Elish* como uma "Poderosa Serpente" ou "Poderoso Dragão", que mantém o fogo dentro de si para aquecer seus filhos, que vivem tanto nas águas quanto na terra. Nos mitos, ela aparece como uma mãe nutridora e terna, mas também como protetora e temível. No mito da criação babilônica, Apsu, filho de Tiamat, cria um plano para matar seus irmãos. Tiamat se recusa a ajudar no pérfido plano e quando seus filhos acabam por matar Apsu, ela se torna furiosa e procura de todas as formas fazer justiça. Tiamat é a personificação das forças selvagens da natureza, que não podem ser domadas ou impedidas. Sendo o dragão original do mundo, ela pode ser vista como a própria Deusa da Criação, que a humanidade busca silenciar e exterminar há milênios, e que permanece ao nosso lado nos guiando e protegendo. Assim, busque uma conexão com ela. Apresente-se e, então, diga que gostaria de conhecer e ser amigo de seus filhos dragões.

Ouça suas palavras e se abra para esta conexão. Um dragão deve se apresentar para você em meditação. Diga suas intenções e estabeleça um acordo com ele, oferecendo-lhe poesias, danças ou música em certas datas estabelecidas por você. Faça uma libação com vinho, suco de uva ou use frutas vermelhas para esta tarefa. Ofereça à Deusa gengibre e pimenta sobre o ninho que você acabou de construir. Como se trata de um ninho, você pode incluir cascas de ovos (vazias e inteiras). Nas datas estabelecidas cumpra seu compromisso e faça suas oferendas que podem incluir incensos, vinho, suco de frutas vermelhas.

O Ninho dos Dragões é, na verdade, um altar para os dragões e para Tiamat. Você pode ter outra Deusa de devoção que se apresente como Senhora dos Dragões e pode considerar este ninho como um altar para todos.

SERES MÁGICO DE PINDORAMA

E POR QUE ELES NÃO SÃO APENAS CRIATURINHAS DO FOLCLORE?

Temos uma rica e maravilhosa quantidade de seres mágicos que coabitam as matas e florestas conosco e que com certeza nos espiam e fiscalizam nossos atos, tentando, de alguma maneira, frear as adversidades proporcionadas pelo avanço desproporcional do homem sobre as áreas naturais, seja com o desmatamento, o agronegócio, o garimpo, a poluição, a devastação da ocupação urbana desordenada das periferias e das áreas verdes nessas regiões, enfim, seja por tudo que vem proporcionando os desastres ecológicos e destruindo a natureza, a fauna, a flora e os povos tradicionais e originários.

Será mesmo que estes seres querem falar conosco? Querem ter contato conosco e de alguma forma nos ensinar algo?

Cada pessoa pode tentar estabelecer um contato com eles e ter sua experiência pessoal para contatá-los e obter sua própria resposta

As histórias das pessoas mais antigas, dos nossos avôs e bisavôs, das pessoas da roça e dos sertões que moram nos interiores do Brasil, são ricas em relatos acerca desses contatos. Infelizmente, nas cidades, o que temos são as versões infantilizadas de mitos folclóricos e historinhas inofensivas, que transformam esses seres em personagens imaginários, arteiros e até mesmo banalizados.

Mas quando você conversa com alguém que se perdeu na mata e que estava acostumado a caçar, a buscar recursos, por ter cometido algum abuso; ou com alguém que foi perseguido por algo invisível e ao mesmo tempo assustador; ou ainda quando pergunta para aqueles que ouviram lamentos na mata, risadas próximas aos currais, que deixaram coisas que desapareceram nos pátios das fazendas e sítios, que viram olhos vermelhos na mata, que sentiram alguém cafungando no cangote a noite na encruzilhada ou até mesmo ouviu o relincho de uma um animal fantasmagórico ou o uivo de um animal assustador em noite de lua cheia, as pessoas que contam essas histórias nunca estão rindo ou querem ser motivo de chacota.

Existem muitos seres nativos brasileiros que são protetores das matas e florestas, de crianças e animais, rios e lagos. Esses seres fazem parte do universo cosmológico nativo, como o Curupira, ou Caipora, o Saci, a Iara, o M' boitatá, a Cobra Grande, Mapinguari, entre tantos outros.

Eles estão por aí, lutando para defender os espaços que restam na natureza, e podem, sim, serem contatados. Não espere resposta, não espere sorrisos, mas , sim, que o vejam e saibam que você está ali, lutando pela mesma causa que eles.

Demonstre respeito, afeto e cuidado em cada gesto e ato relacionado à natureza e ao meio ambiente. Ofereça presentes e libações respeitosas e livres de interesses, ajude da maneira que for os espaços que eles defendem e mostre a eles o que você está fazendo. Deixe claro suas intenções.

Crie um espaço que possa demonstrar tudo isso com objetos naturais, resgatados, recuperados com respeito e, sempre que possível, faça algo para ajudar a limpar um terreno ou uma área natural. Procure assinar e divulgar uma petição ou abaixo-assinado que apoia e protege a natureza, os animais, os ecossistemas, os povos tradicionais e originários.

Deixe, sempre que possível, fumo de corda, farinha de mandioca e milho como presentes. E agradeça à sacralidade de todos os lugares, das matas, dos ribeirões, das montanhas, das grutas, das campinas, dos rios e regatos, das áreas onde Ñanderu, Tupã,

Jaci, Anhangá, Mani e todos os Deuses e Deusas nativos habitam os locais em que hoje moramos, mas que originalmente tinham outros propósitos.

Precisamos nos lembrar que, as Deusas e Deuses nativos, os seres e criaturas que aqui habitavam e ainda habitam, são ligados a esta terra e suas energias originárias. O fato de buscarmos esse contato, essa demonstração de apreço e carinho, é uma maneira de resgate daquilo que "era sagrado", mas que se perdeu em meio ao caos das cidades, e também um instrumento de cura e reabilitação dos espaços urbanos.

Muitos desses Deuses e criaturas mágicas foram infantilizados ou apenas tratados como personagens do folclore nacional. Porém, a pouco menos de 150 anos eles faziam parte do dia a dia dos povos nativos e eram vistos e tratados com deferência e respeito em função de sua importância na manutenção das energias, da vida e da existência de tudo.

Esse resgate é importante, porque faz parte da nossa ancestralidade da terra, que está ligada à história do local em que vivemos, e, em muitos casos, aos nossos ancestrais de sangue.

Uma oferenda pode parecer algo simples, mas que mostra toda a boa intenção que temos e que estamos dispostos a fazer parte de um processo de transformação, ressignificação e mudança para com a terra em que vivemos. É, em suma, a reparação de uma dívida histórica e sagrada.

Mesmo em meio às grandes cidades é possível se comunicar com os espíritos e forças da natureza ao tocar as árvores, sentir a chuva ou vento que sopra.

CAPÍTULO 9

ORGANIZAÇÃO E PRÁTICAS MÁGICAS NO CAOS URBANO

Reclamamos quase sempre que nos falta tempo para muitas coisas do cotidiano. Não temos tempo para visitar amigos e parentes, namorar, ficar na cama de manhã mais cinco minutinhos, preparar uma refeição decente, fazer dieta, ir ao médico ver aquela dor que incomoda há anos. Enfim, o tempo atualmente parece ser artigo de luxo.

Afinal de contas, por que resolvemos ser Bruxos?

Tornar-se praticante de Bruxaria em meio ao caos urbano exige dedicação e disciplina redobrados. Precisamos de tempo para a manutenção de nossa energia pessoal e exercitar nossas crenças e fé cotidianamente.

Caso contrário, tornamo-nos como todos os outros religiosos que apenas se lembram de seus Deuses nos momentos de aperto e, depois dos problemas resolvidos, um beijo e abraço e até a próxima crise!

E o que podemos fazer para criar o tempo necessário em nossa vida para incluir a convivência e conexão com o sagrado nela? Como dar ao tempo o devido apreço que ele merece?

Primeiro, estude seus dias e seus hábitos. Quanto tempo você demora no banho? Quanto tempo você fica no trânsito quando se dirige para o trabalho ou para qualquer outro lugar diariamente? Quanto tempo passa nas redes sociais e internet que poderia ser mais bem aproveitado? Depois se questione, o que você tem feito pelo seu corpo, mente e espírito? Agora avalie os espaços e locais em sua casa e no trabalho, você consegue localizar um local onde possa ter privacidade?

Pronto, temos uma tabela de afazeres diários e podemos criar tempo em cima dela.

Pense. Pela manhã você acorda para ir trabalhar, ou para escola, por exemplo, e toma um banho de dez minutos. Nesse meio tempo, é possível se abençoar, agradecer aos Deuses pelo novo dia que começa, cantar e invocar a energia de seus animais de poder e muito mais. Se você acredita que são muitas tarefas para pouco tempo, é possível criar uma escala diária, como:

- SEGUNDA-FEIRA: entrar em contato com o seu animal de poder.
- TERÇA-FEIRA: fazer um banho de proteção, que foi preparado na noite anterior para economizar tempo.
- QUARTA-FEIRA: fazer exercícios de respiração para acalmar a mente.
- QUINTA-FEIRA: meditar com sua Deusa ou Deus de devoção, ou com uma deidade a qual deseja se aproximar.
- SEXTA-FEIRA: fazer um pequeno ritual para estabelecer uma relação mais próxima com os Deuses, poderes dos elementos e guardiões mágicos pessoais.
- SÁBADO E DOMINGO: dedicar ao menos uma hora para leitura e aperfeiçoamento de seus estudos.

Essa escala é apenas um exemplo, você pode adaptá-la às suas necessidades e realidades pessoais.

Mas existem muitas outras possibilidades. O tempo que você fica no trânsito dirigindo seu próprio veículo ou que passa em pé ou sentado em uma condução, pode ser usado para meditar, fazer uma autoavaliação, contatar seus Deuses e Guardiões ou relaxar entoando um mantra mentalmente, em voz baixa, ou em alto e bom som se estiver sozinho no seu carro. Você pode, ainda, ouvir uma sequência de canções no seu canal de *streaming* musical preferido. Existem tantas opções, que você pode ouvir músicas para trabalhar mentalmente para diferentes necessidades como prosperidade, saúde, amor, autoconfiança, autoestima, louvor, etc.

Ao fazer isso, você não só usou seu tempo de forma dinâmica como ganhou horas como bônus que podem ser usadas para aprofundar ainda mais sua conexão espiritual para elaborar rituais, criar diversas receitas mágicas, planejar coisas importantes com antecedência que serão colocadas em ação na hora certa de agir, ou para colocar em dia sua leitura, não só espiritual, mas também de lazer, de autoconhecimento ou de estudos em geral.

Com tão pouco tempo, pode ser difícil manter seu Livro das Sombras atualizado! Sem problemas, adapte-se, você pode fazer um "Fichário das Sombras", ou uma "Pasta das Sombras", com anotações feitas em folhas soltas reunidas.

Só com essas sugestões você vai criar muito tempo. Poderá até dizer que tem tempo de sobra para viver sua espiritualidade plenamente como deve ser vivida.

Mantenha uma rotina mágica. Busque, sempre que puder, centrar-se. A respiração correta sempre ajuda nas horas de aperto. Não é necessário fazer algo tão sofisticado como Ioga para aprender a respirar com calma e profundamente. Simplesmente respire conscientemente.

Meditações podem ser feitas em qualquer lugar, como no banho, no carro, de olhos abertos ou fechados – isso se você não estiver dirigindo, vamos evitar acidentes. Muitas pessoas acham que não conseguem se concentrar para meditar! Isso só acontece porque, provavelmente, elas se preocupam mais em fazer tudo da maneira mais "correta" possível do que "meditar" propriamente dito. Então se concentre e tente fazer tudo da melhor forma possível, mas se por acaso nariz e a perna coçarem, resolva. Você vai perder o foco e não vai conseguir meditar se ficar lutando contra a coceira, ou a dor causada por uma má posição em que se encontra. Pode levar muitos anos para alguém conseguir meditar sentadinho em forma de flor-de-lótus, com as costas retas e as pernas sobrepostas.

Meditar sempre ajuda a organizar os pensamentos, e se o seu maior problema for resolver problemas, tenha em mente que não vai conseguir resolver todos eles de uma vez. Então, priorize, dê foco às suas causas e situações e resolva tudo com calma.

Se você acha difícil visualizar, guie em voz alta suas meditações e, aos poucos, vai perceber que não precisa mais usar sua voz como guia.

Um exercício que pode ser útil se você tiver dificuldade na visualização, consiste em começar a se ver em lugares que já conhece em detalhes. Quando conseguir se ver perfeitamente e em locais conhecidos, parta para viagens mais distantes, como jornadas oníricas ou aquelas destinadas a mundos paralelos.

NOSSA CASA, NOSSO TEMPLO

MINHA CASA, SUA CASA

Nossa casa é o nosso melhor templo. Afinal de contas, celtas, nórdicos, entre outros antigos celebravam seus ritos mais sagrados em locais da natureza, mas também em suas casas. Mesmo os organizados romanos, que tinham um sem-número de templos, celebravam os ritos familiares em suas casas.

Como um Bruxo urbano, sua casa é o seu templo. Casa limpa e arrumada é equivalente a um templo limpo e arrumado, o que significa vida limpa e arrumada. Quando temos uma vida bagunçada, tudo fica em desordem: contas, trabalho, escola, família, celebrações. Se formos partir desse princípio, somando o fato de que somos Bruxos e movimentamos energias, nada melhor do que pôr a casa em ordem, para somente então começar a colocar a vida em ordem.

Uma experiência muito válida quando estiver com problemas ou sentir energias estranhas ao seu redor, use a faxina de casa para mandar embora essas situações. Essa é uma magia simpática e fácil de ser feita, que demanda apenas concentração. Imagine que sua casa é sua vida e que cada item que está sendo limpo é exatamente um aspecto dela que precisa ser purificado.

Nada como manter a casa sempre purificada e a vida selada contra problemas, energias, inimigos, enfim, toda sorte dos legionários de Murphy[5].

Depois da casa arrumada, você pode dar um toque de magia a ela, purificando-a com os quatro elementos. Use uma vela, para o Fogo; incenso para o Ar, água para o elemento Água e sal, representando o elemento Terra. No sentido anti-horário aspirja sua casa com eles. Comece pela porta de entrada, percorra todos os ambientes, sempre junto às paredes, e termine na porta de entrada. Pegue um óleo mágico preparado anteriormente, feito com alecrim, alho e artemísia e consagre-o, colocando toda a sua energia nele. Esse se tornará seu óleo de selamento. Use-o passando-o em todas as portas, janelas, espelhos, tomadas, lâmpadas de luz, vidros, ralos, encanamentos expostos, aberturas de saída e entrada. Enfim, cada passagem que pode dar acesso à sua

---

5 Edward Murphy foi um capitão que serviu na base da Força Aérea de Edwards (EUA) em 1949. A ele é credita a famosa Lei de Murphy, que em sua formulação mais simples postula que "se algo pode dar errado, dará". Tecnicamente falando, essa frase amplamente conhecida não é exatamente uma lei, mas uma citação que virou máxima.

casa deve ser devidamente selada. Com seu dedo de poder, unja todos esses lugares, selando com um Pentagrama ou uma espiral de banimento[6].

Mentalize o que você deseja e depois disso tudo feito, abençoe sua casa no sentido horário, tocando instrumentos musicais, cantando e dançando, enquanto percorre todos os cômodos.

Objetos quebrados geralmente estagnam energias em uma casa. A não ser que custe uma fortuna, seja herança de família ou tenha um valor inestimável por qualquer outro motivo, jogue-o fora, conserte, recicle ou substitua-os.

Armários, gavetas e guarda-roupas, arrume tudo!

Dê para caridade tudo aquilo que você não usa há mais de seis meses, como roupas, acessórios, bolsas e sapatos, exceto roupas de estações específicas do ano ou pecinhas de lembrança da infância. Para que guardar uma calça que não serve mais ou manter aquela peça comprada por impulso, mas que você nunca usou? Se nunca usou, dê para quem vai usar ou precisa. Movimente sempre as energias ao seu redor. O que vai embora sempre abre espaço para coisas novas serem colocadas em seu lugar.

Abuse das cores nos cômodos da casa. Vermelho é uma cor ótima para ambientes monótonos, mas nunca em excesso. Já o azul no quarto traz calma demais. O verde e amarelo são cores coringa para felicidade, dinheiro e energia.

No quarto, uma tradição mágica é ter objetos de decoração aos pares para fortalecer sua relação. No banheiro, use decorações que lembram a água e transformem seu banheiro num recinto aquático. Conchas, sabonetes no formato de peixinhos e cores azuis são ótimas para fortalecer a energia do seu banheiro.

---

6 Vide Compêndio.

Pense no que cada cômodo representa ou o que você gostaria que ele representasse e decore essa parte da casa com elementos que tragam aquela energia:

COZINHA: fartura, abundância.

QUARTO: amor, paixão.

SALA: prosperidade, amizades.

BANHEIRO: introspecção, purificação.

QUARTO DAS CRIANÇAS: estudo, concentração.

BIBLIOTECA E ESCRITÓRIO: negócios, aprendizado.

Essas são pequenas ideias, fáceis de serem aplicadas e sem grandes complicações de serem feitas. Você pode criar suas próprias referências. É sempre bom decorar a casa para trazer novas energias e alinhá-las com um Sabbat, Esbat e um momento mágico da natureza.

A cozinha, por exemplo, é um dos locais mais sensacionais para fazer feitiços, poções, magias e movimentar energia. Ao cozinhar, mentalize o que deseja alcançar para você ou para outras pessoas e deposite essa energia na comida. Feitiços ótimos de amor, prosperidade e cura são feitos na cozinha entre pratos principais, sobremesas, chás e bebidas.

Muitos Pagãos gostam de ter animais de estimação, que vai de gatos, cães, peixes e répteis, até os insetos mais exóticos...

Peça proteção aos Deuses para eles e para que seus atos mágicos e os de outras pessoas nunca possam prejudicá-los. Os animais são nossos irmãos e merecem proteção, eles não destroem Círculos Mágicos nem áreas consagradas, mas podem derrubar coisas e se machucar com seus instrumentos como Espada, Athame ou Bolline. Tenha cuidado com isso!

Já as plantas são ótimas para atrair energias de crescimento e abundância em casa, além de alegrarem os ambientes. Plantas são sensíveis às energias negativas ou agressoras. Fique sempre de olhos abertos no comportamento de suas plantas, se elas ficam murchas sem razão, ou se secam do dia para noite, são sinais de que algo está acontecendo e requer sua atenção. Isso, evidentemente, se você não se esqueceu de cuidar delas. Pimenteira, arruda, tomilho, alecrim, artemísia, verbena, sálvia branca e vermelha, são ótimas plantas para proteger e alegrar a casa. O vasinho de sete ervas, tradicionais nas casas dos brasileiros, é encontrado em qualquer floricultura e são ótimos protetores para os lares.

Copinhos com água, sal grosso ou pedaço de carvão atrás das portas principais também ajudam a deter energias prejudiciais. Alguns puristas de plantão podem se coçar com essas dicas, mas são simples, práticas e funcionam!

A VIOLÊNCIA COTIDIANA

CURA PARA LOCAIS MARCADOS POR AGRESSÕES E CRIMES

Nos grandes centros urbanos, e hoje em dia, infelizmente, também nas pequenas cidades, a violência é um fato consumado. Seja ela de qualquer natureza – doméstica, racial, policial. Os noticiários mostram a violência 24 horas por dia, que trazem criminosos de todos os tipos, inclusive incentivados por programas de TV.

Violência gera violência. Locais onde aconteceram grandes violências mantêm padrões negativos e prejudiciais a todos ao seu redor. Casas e apartamentos onde aconteceu um crime, um suicídio ou muitos atos violentos permanecem com a energia ruim impregnada nas paredes, teto e solo. Geralmente, as pessoas que vão morar nesses locais tendem a se sentir mal e muitas vezes têm seus hábitos influenciados pela energia do local, tornando-se mais nervosas ou amedrontadas.

Áreas de comércio e escritórios que sofrem com abusos, exploração, assédios e extorsões, crimes que muitas vezes passam invisíveis no dia a dia, mas que deixam sequelas terríveis, padecem do mesmo problema.

Nas periferias, a violência estrutural está bastante presente pela ausência do Estado e pelo desrespeito aos Direitos Humanos e à Cidadania. Já nos bairros mais ricos, os abusos são silenciosos. O tráfico e os crimes acontecem disfarçados pelas aparências e ostentações.

A cidade é um ambiente propício para gerar desequilíbrios e energias dissonantes e prejudiciais. Unindo isso à poluição e à degradação ambiental, temos uma receita assustadora para que as coisas energeticamente fiquem sobrecarregadas e precisem de proteção, equilíbrio e mais atenção, tanto magicamente como emocionalmente, psicologicamente, afetivamente e em todos os aspectos da nossa vida.

Existe uma fórmula mágica para resolver isso? É evidente que não! Diversas maneiras de buscar equilíbrio, como harmonização, limpezas e proteção podem ser aplicadas. Temos que vislumbrar como um todo o que está acontecendo, para então buscar alternativas que vão melhorar a situação, trazendo equilíbrio e cura no processo.

PRÁTICAS MÁGICA PARA CURAR
LOCAIS FERIDOS

Limpezas energéticas dos locais onde moramos, trabalhamos e passamos a maior parte do tempo sempre são bem-vindas. Use a criatividades para fazer essa limpeza que pode ir desde aquela clássica, com os quatro elementos (vela, incenso, água com sal e cristal) ou uma combinação simplificada disso em ambientes onde se causaria estranheza ao sair andando e circulando apetrechos bruxísticos, enquanto se entoa uma canção de banimento.

A combinação de banimento, purificação e selamento é sempre uma ótima pedida para proteger e purificar sua casa. Comece com o banimento e a purificação e, depois, o selamento.

O banimento de energias prejudiciais do ambiente onde você permanece pode ser feito com músicas, danças, sons ou talismãs. Com eles, podemos expulsar e jogar para fora do local as energias que possam estar ali prejudicando o ambiente. Você pode usar um pêndulo para identificar um desequilíbrio, ou varetas de radiestesia, oráculos ou qualquer meio que já conheça. Escolhido o método, determine como vai banir as energias nocivas identificadas no local: barulho, música, defumação, são algumas das alternativas possíveis.

É sempre bom selar magicamente tudo o que reflete imagens ou permite o acesso à sua casa. Isso pode ser feito usando símbolos mágicos, rúnicos, selos, sigilos de proteção que você pode criar e energizar, desenhando com os dedos molhados em um óleo de proteção/selamento(sálvia, arruda, limão, por exemplo). Procure selar superfícies reflexivas e transparentes, assim como passagens de água, eletricidade e saídas de esgoto, ralos e vasos sanitários.

Finalize com uma energização com os quatro elementos percorrendo todo o ambiente no sentido horário.

Ampliando a jornada para ambientes de trabalho, crie talismãs para colocar em sua mesa, gaveta, estojo ou onde achar necessário. Mantenha isso ao seu alcance, de maneira que se sinta seguro. Podem ser usadas garrafinhas de proteção, potinho com água de guerra ou com cristais e rochas de proteção, sachês de ervas com sigilos mágicos desenhados etc.

Você pode sempre criar objetos decorativos que se integrem ao ambiente de trabalho e que não chamem a atenção, se precisar ser discreto. Esses objetos podem estar imbuídos de intenções mágicas de proteção, no intuito de afastar energias prejudiciais e pessoas negativas que possam lhe causar algum mal e criar barreiras contra aquilo que pode lhe prejudicar em qualquer nível.

Use a criatividade, use e abuse de elementos que se completam e se equilibram como ervas, cristais, incensos, sigilos, símbolos, alfabetos mágicos, saquinhos, garrafinhas, potinhos, sachês e vasinhos com plantas protetoras com tudo isso enterrado nele. Enfim, se não souber fazer uso dessas coisas todas, nada como o bom e velho copo com água, sal grosso e carvão atrás da porta. A canela, o cravo, o girassol, o louro, a pimenta e o anis-estrelado também são ótimas ervas para serem cultivadas em casa como plantas de proteção. O assunto é vasto e daria um livro inteiro só sobre este tema. O leitor pode pesquisar mais profundamente sobre essa área mágica e criar tabelas de analogias para cada situação específica.

UM ALTAR EM SUA CASA PARA
PRÁTICAS COTIDIANAS

Talvez no início seja difícil ter seu próprio altar montado. Algumas pessoas não possuem espaço; outros não têm um local que consideram apropriado; alguns não possuem sequer uma casa própria ou a dividem com os pais ou outros moradores que não entenderiam suas práticas religiosas. Têm ainda aqueles que idealizam tanto um altar perfeito que não montam um até terem dinheiro para fazer o melhor. Enfim, tudo isso pode ser resolvido de diversas maneiras.

O altar é um ponto de poder, um local de culto aos Deuses, uma área de devoção e prática religiosa que pode ou não estar permanentemente montada e ter o tamanho que a situação da sua vida permitir.

Pode ser do tamanho de uma caixa de sapato e ser guardado ali dentro ou pode ser criado sobre uma mesa de seis lugares e ficar montado permanentemente. Uma pessoa pode, ainda, ter diversos altares para propósitos variados, começando pelo básico e que vai se moldando e evoluindo conforme a necessidade do ritual e da celebração.

Portanto, não deixe para amanhã e monte seu altar hoje colocando seus objetos de poder sobre ele e usando este espaço sagrado como ponto focal para fazer seu culto, suas orações e práticas mágicas.

Os altares podem ter apenas os quatro elementos básicos (Terra, Ar, Fogo e Água) e as representações da Deusa e do Deus. Mas também podem trazer outras simbologias mágicas como pedras, cristais, estátuas, amuletos e apetrechos.

Porém, como estamos falando de Bruxaria, especificamente de Wicca, não podemos misturar elementos de egrégoras de outras religiões, principalmente daquelas que tenham aspectos que contradigam a Arte e que sejam totalmente opostas às crenças básicas da Wicca de uma forma em geral.

Não faz o menor sentido, por exemplo, incluir elementos cristãos sobre ele. A Bruxaria é uma prática ancestral Pagã. Portanto, não contém elementos de religiões abraâmicas e salvacionistas em nossos altares, tão pouco sincretizamos nossas crenças com as dessas religiões.

Também não é coerente montar um altar para a prática Wiccaniana misturando elementos budistas, hindus, do candomblé, dentre outros. Um altar é montado de acordo com as nossas especificações religiosas, e nele são inseridos elementos dedicados às divindades que fazem parte de nossa religião, além de velas nas cores específicas dessas deidades, incensos, pedras, cristais, aromas, flores, ervas e alimentos a elas relacionados.

COMO MONTAR SEU ALTAR
SEM SOFRIMENTO

Comece de forma simples. Se você não pode gastar muito, isso não é um problema!

Ainda que a maior parte dos praticantes da Arte tenha seus instrumentos mágicos dispostos sobre o altar, existem algumas alternativas que você, como um Bruxo urbano, pode usar caso esteja iniciando agora neste caminho ou não tenha os recursos necessários para obtê-los.

Use um galho de árvore coletado na rua e limpo por você para substituir o Bastão, símbolo da Terra. Desenhe, entalhe e coloque adereços pessoais nele.

No lugar do Athame, você pode usar uma pena ou incenso. Até mesmo uma faca de cozinha personalizada pode ser usada em último caso. Você pode confeccionar uma bainha de tecido, flanela ou pedaços de couro para guardá-la e torná-la especial.

Como Cálice, pode ser usada uma concha ou, ainda, uma taça simples de vidro ou um copo comum.

No lugar do Pentáculo, use uma pedra de superfície lisa, um azulejo bonito ou um pedaço de ardósia de piso com o desenho de um Pentagrama, pintado com as cores dos elementos.

Apesar de o Caldeirão às vezes se tornar o objeto de maior desejo de um Bruxo ou Bruxa, caso não tenha um em mãos, use uma panela ou um vaso de barro e pinte ele por fora.

Caso tenha pouco espaço, consiga os mesmos itens com tamanho reduzido e guarde-os dentro de uma caixa de sapato, envoltos em um pedaço de tecido bonito, que vai servir como toalha na hora de montar seu altar.

Após resolver as questões ligadas aos utensílios que serão usados para compor seu altar e o local onde ele irá ficar, é hora de purificar e consagrar seus instrumentos. Purifique com água e sal o local onde ele será instalado, aspergindo a mistura sobre a área. Em seguida, passe um incenso de purificação como arruda ou alecrim traçando com ele uma espiral de banimento.

Purificado o local, o próximo passo é consagrar os instrumentos. Para consagrá-los use os elementos individualmente em cada instrumento para energizá-lo:

PENTÁCULO: utilize um cristal ou sal
ATHAME: passe na fumaça de um incenso
BASTÃO: use a chama de uma vela
CÁLICE: respingue algumas gotas de água

Consagre da mesma maneira qualquer outro artefato que for colocar sobre o altar, como estátuas, castiçais, porta-incensos, velas, etc.

Monte então o altar, posicionando cada item de acordo com os quadrantes associados aos elementos aos quais eles pertencem:

Pentáculo no Norte, Terra, Athame no Leste, Ar. Seu Bastão no Sul, Fogo, Cálice no Oeste, Água.

Os outros artefatos não possuem um ponto cardeal específico onde devem ser colocados. Use sua intuição ou senso estético para deixar harmônico e agradável aos seus olhos.

Para finalizar, coloque um cristal ou rocha sobre o Pentáculo, acenda um incenso e uma vela sobre o altar e deixo-os serem consumidos até o final. Terminado o processo, derrame o líquido do Cálice (água, vinho, suco, etc.) sobre a terra (pode ser em um vaso, planta, jardim, etc.) como uma forma de libação e oferenda.

Seu altar está pronto para ser usado!

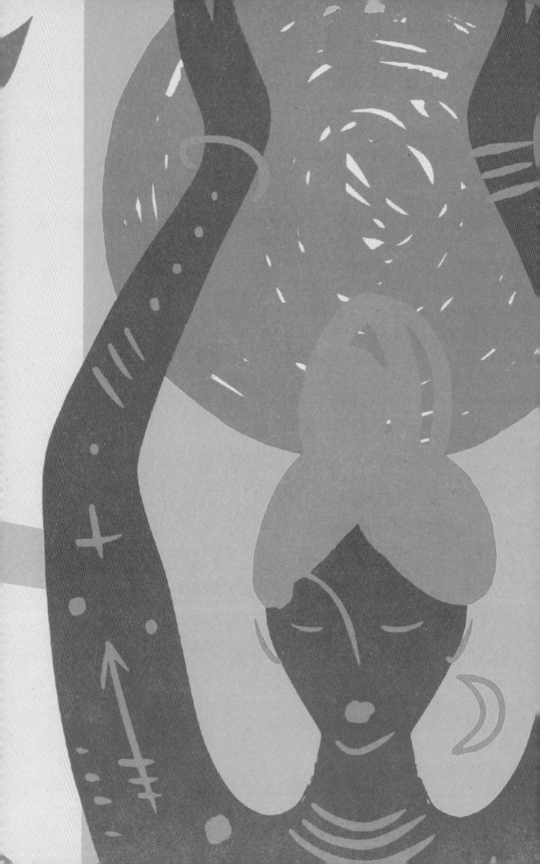

CAPÍTULO 10

A BRUXARIA DA QUEBRADA

OS MANOS E AS MINAS QUE NÃO VÃO PARA HOGWARTS, MAS QUE MANDAM UMAS RIMAS IRADAS DE ENCANTAMENTOS E FEITIÇOS

Quando comecei a dar vida a este livro, o presente capítulo não estava nos meus planos. Porém, por uma necessidade quase orgânica, achei necessário incluí-lo. Mais do que nunca, é preciso mostrar que é possível ser Bruxo e praticar e viver a Bruxaria cotidianamente, mesmo sendo da "quebrada".

Existe uma impressão equivocada de que a Wicca é praticada apenas por quem mora em bairros caros e esbanja dinheiro, ou até mesmo somente por aqueles que têm condições de "financiar" a sua Arte. A Wicca é para todos!

Porém, é preciso perceber que existem diferentes realidades que interferem diretamente na prática religiosa e mágica, e que, infelizmente, ainda existem muitos preconceitos enraizados que precisam ser superados.

Aqueles que pensam que pobre não pode ser Bruxo é um elitista contumaz e está deliberadamente virando a cara para quem é da periferia. Vez ou outra encontramos aqueles que criticam o uso de objetos simples nos rituais ou desmerecem adaptações feitas por quem tem poucos recursos.

É importante frisar que não somos parte de uma religião que tem o histórico de segregar. Olhe para a imagem mítica da

Bruxa, nos recantos mais escondidos da floresta e perseguida pela elite de sua época, que ficará claro de onde vem a inspiração para a nossa religião. Assim como elas, nós, Bruxos da atualidade, somos segregados socialmente. Desde sempre sofremos preconceitos e perseguições religiosas nos mais variados ambientes: na família, no trabalho, na escola, nas ruas. Sempre ouvimos as mesmas piadas sem graça ou perguntas toscas sobre nossa fé e, cotidianamente, tem alguém tentando nos convencer a todo o custo a abraçar o "deus verdadeiro". Não adianta, somos herdeiros de uma tradição histórica de *outsiders*.

Assim, precisamos de soluções efetivas que unam a comunidade de Bruxos que tem menos àquele que tem mais recursos, de maneira que possamos evoluir como a grande família da Deusa que somos.

Bruxos acumuladores de tralhas mágicas podem doar utensílios que ficam encaixotados, e que dificilmente serão usados, para um praticante solitário ou para um grupo de praticantes iniciantes que não conseguem adquirir seus itens iniciais.

Vídeos e tutoriais sobre como construir seu altar mágico usando as coisas que estão na sua casa/cozinha/natureza e de como fazer itens mágicos artesanalmente podem ser disponibilizados pela galera que tem habilidades para isso.

Adquirir livros é outro fator que contribui para segregar, impedindo o acesso de muita gente a informações bacanas. Por que não juntar a galera e criar pequenas bibliotecas comunitárias, onde todos possam compartilhar os livros, adquirindo-os em parceiras, por meio de vaquinhas, e unindo esforços na rotatividade da leitura?

Isso tem muitos efeitos positivos, incluindo evitar a busca desenfreada por receitas prontas e dicas dispensáveis que vemos aos montes por aí em determinadas comunidades virtuais, que mais parecem caça-níqueis de Bruxos desesperados. Ou, pior ainda, cursos on-line que oferecem materiais superficiais, por preços e Iniciações duvidosas.

Se você pertence a um grupo formado, ajude os grupos da quebrada que estão iniciando, apoiando-os como puder o máximo possível. Essa é uma tarefa solidária que pode ser feita para fortalecer os iniciantes e evitar os charlatões virtuais e os falsos Iniciados propagadores de abusos e extorsões.

As comunidades Neopagãs da periferia e das quebradas do nosso país merecem todos os louros por conseguirem se estabelecer mesmo em meio às adversidades, mostrando que não é necessário ter "pedigree" para praticar Bruxaria.

As comunidades de Bruxaria da quebrada são a voz da resistência!

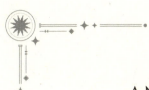

CAPÍTULO 11

ANCESTRALIDADE URBANA

"AQUELES QUE AQUI ESTAVAM, AQUELES QUE PARA CÁ VIERAM E AQUELES QUE FORAM TRAZIDOS"

Não podemos finalizar este livro sem falar em ancestralidade. Mas como falar de ancestralidade urbana?

Começando pelo princípio de que o Neopaganismo e a Bruxaria mantêm cultos e prestam homenagens aos ancestrais, não é difícil falar desse assunto.

A ancestralidade não está apenas no sangue, mas também na terra onde vivemos, na religião que praticamos, em nossa fé. Há muita gente que nos precedeu para ser lembrada, homenageada, reverenciada, e podemos aprender muito com essa galera que se foi, cuja memória segue na imortalidade de nossas lembranças.

Nosso sangue é repleto de linhagens ancestrais, de diversos lugares, culturas e etnias, que formaram a cultura e a cidade onde vivemos. Então, por que não resgatarmos essa memória e buscarmos suas raízes? Não é necessário buscar pela fé de nossos ancestrais se ela não fala ao nosso coração, mas, sim, resgatar a força, as lições, os aprendizados e a proteção deles para as nossas vidas modernas. No Brasil é raro, senão quase impossível, alguém ser de apenas uma origem étnica. Aqui primamos pela diversidade. Não apenas viemos da selva como disse um infeliz presidente da Argentina em uma grotesca fala racista, mas também de todos os cantos do mundo. E já existiam ancestrais deste lugar aqui, quando chegaram com milhares de outros povos e culturas.

É certo que precisamos curar as feridas abertas pela ocupação e conquista europeia, pelos genocídios indígenas e pela escravização africana, mas podemos muitas vezes buscar esse caminho com o resgate de nossas linhagens e a cura de nossas feridas genealógicas.

Quantos de nós sequer sabe a origem da história de nossas famílias? Quantos conseguem traçar as suas árvores genealógicas e completar todos os galhos e folhas delas?

Precisamos buscar essas trilhas e reconstruí-las e, se for impossível fazer isso por documentos e relatos familiares, podemos buscar através da gnose pessoal em meditações e rituais, pelo menos os traços primários das memórias ancestrais e cura para eventuais feridas abertas.

Seguindo esse raciocínio, temos a linhagem da terra, o local onde estamos. Qual sua história? Quais suas memórias? Quem foram os que aqui estiveram antes de nós e construíram este local? Desde os tempos mais longínquos, do passado até as décadas mais recentes, quem sangrou, quem verteu lágrimas? Quem se alegrou, conquistou vitórias ou apenas descansou?

Todos os que por aqui passaram trouxeram consigo as memórias de suas terras natais e, com isso na bagagem, trouxeram suas crenças, fés e seus Deuses, que aqui fizeram seu lar também. Parafraseando Neil Gaiman, em *Deuses Americanos*, "todos os que cruzaram o mar, e para cá vieram, trouxeram consigo e seu sangue, corpo e história de seus Deuses antigos."

Na cidade de São Paulo, por exemplo, mais precisamente no Bairro da Liberdade, precisamos resgatar a memória dos africanos que ali sofreram e rezaram para seus Orixás, Inquices e Voduns enquanto sofriam no Pelourinho da cidade. Precisamos perceber os Kamis japoneses, os Deuses coreanos e chineses que chegaram depois e que convivem ali, lado a lado, com a memória africana ancestral. Apenas para exemplificar um pequeno recorte de uma cidade tão grande quanto a paulista, sem contar os Deuses Indígenas do Planalto de Piratininga, que tiveram seu espaço sagrado tumultuado por toda essa galera que chegou e mais ainda, que foram vilipendiados pelas cruzes que dominaram o cenário e a violência que elas trouxeram.

Finalmente, temos os laços da ancestralidade da fé, da crença, da religião, aqueles que vieram antes e que desbravaram o caminho que recebemos hoje. Aqueles que, ao longo de toda história medieval, moderna e atual desafiaram o *status quo*, ou na antiguidade fizeram sua parte como sacerdotes e servos dos templos e de suas tribos.

Esses precisam ser lembrados, honrados e reverenciados em sua importância e sabedoria, em seus ensinamentos e suas trajetórias.

A ancestralidade é vista de forma sagrada pelos Bruxos. Honrar nossas raízes nos fortalece nos planos físicos, mental, espiritual e emocional.

ALTAR PARA ANCESTRAIS

Nós podemos cultuar nossos ancestrais em meio às selvas de pedras e cidades cinzentas. Podemos pedir a eles sabedoria para enfrentarmos os tempos turbulentos que vivemos. Para isso, podemos criar um altar com o intuito de reverenciá-los.

Como qualquer outro altar, esse espaço para reverenciar nossas ancestralidades pode ser bem simples ou extravagante. Isso vai de acordo com a vontade, preferência, conta bancária e sensatez de cada um, ou a falta dela.

A seguir, encontram-se algumas sugestões que podem ser usadas para preparar esse espaço sagrado a fim de aumentar os laços com nossos antepassados por meio do estabelecimento de um altar para eles:

- Procure um local apropriado, uma mesa, uma prateleira ou um santuário, isso não interfere. Estenda sobre ele uma toalha bonita, da sua cor preferida ou daquela que lembre a sua ancestralidade.

- Para seus ancestrais de sangue, separe objetos e fotos deles. Não coloque fotos de pessoas vivas no altar dos mortos, afinal de contas, você não quer que elas cruzem o véu para encontrá-los, não é verdade? Deixe um pequeno pote, vasinho ou pratinho para uma oferenda que deve ser regularmente trocada (frutas, flores incensos). Simbolize os ancestrais da terra com elementos nativos. Use pequenos itens simbólicos como forma de honrar a ancestralidade da Terra de Pindorama, a qual pertencemos. Pode ser algo feito de cerâmica, uma maracá, um pequeno muiraquitã, adornos indígenas (de preferência de povos e nações da região onde você vive, uma rápida pesquisa no site do Instituto Socioambiental ou da FUNAI pode ajudar), e um potinho ou vaso para colocar sementes e frutos nativos (guaraná, urucum, erva-mate, jenipapo, etc., de acordo com sua região).

- Para a ancestralidade da Arte, sugiro sempre itens ligados à história da Bruxaria ou algo que simbolize as tradições originárias, os Sacerdotes que vieram antes de você, os fundadores de Tradições e de grupos que são ligados à sua vertente Neopagã, à sua prática Wiccaniana e que lhe ajudaram a chegar pelos ensinamentos onde você está hoje. Caso conheça pessoas que na antiguidade ou em outros períodos foram importantes para a defesa de sua fé e de suas crenças, coloque sobre o altar algo que lembre essa pessoa, como uma imagem impressa, por exemplo.

- Coloque água, sal e uma pequena vela como oferenda a todos e diariamente, ou semanalmente, limpe seu altar, converse com seus ancestrais e lembre de suas histórias.

- Resgate sua árvore genealógica. É enriquecedor essa busca de conhecimento por sua ancestralidade. Hoje em dia existem maneiras maravilhosas de fazer isso com testes de DNA, que remontam sua história ancestral pelo Planeta, o que possibilita até buscar um contato com essas energias e as divindades cultuadas por seus ancestrais. Isso nos leva a recriar em casa uma atividade simples, que você provavelmente fez na pré-escola, que é montar sua árvore genealógica e buscar informações sobre seus antepassados maternos e paternos, suas histórias e trajetórias e assim procurar restabelecer laços com sua própria origem. Com essas informações, tente entender a jornada de sua família e, assim, compreender sua própria jornada aqui no presente. Essa última sugestão pode ser realizada de forma mais simples uma vez que nem todos nos dispomos de verba suficiente para fazer um exame investigativo de DNA. Assim, podemos fazer à moda antiga, investigando dentro de nossa própria família, indo onde for possível para completar aquilo que pareça vazio por falta de informações objetivas. Nestes casos, você pode, substituir nomes que desconhece por locais de origem, ou usar uma simples frase como "aquele(a) que veio antes de mim pelo ventre da Grande Mãe".

PALAVRAS FINAIS

Ser Bruxo é um ato político de resistência. Resistimos às perseguições cristãs na época das conversões forçadas no Império Romano, resistimos à época das Fogueiras, da Escravidão, da Conquista da América, resistimos à perseguição até que a última lei contra a Bruxaria foi revogada, no Reino Unido, em 1951. Seguimos resistindo às perseguições, ao preconceito e à violência em um mundo onde a crescente escalada de uma onda de conservadorismo e extremismo de direita e o fanatismo religioso cria milícias e grupos de extermínios entre traficantes. Nos lugares onde leis desumanas ainda vigoram, como em algumas partes do continente africano e asiático, seguimos bravamente resistindo.

Para Bruxos, o ativismo mágico é tão necessário hoje quanto qualquer outro tipo de movimento. Na verdade, ele faz parte de nossa forma de fazer política e clamar por mudanças efetivas no mundo. Ainda que ele possua uma dimensão espiritual, não deixa de ser ativismo.

O ativismo mágico ajuda a manter o orgulho e a cabeça erguida, ajuda a dar suporte e proteção aos que têm medo e são perseguidos e a dar voz àqueles que são calados por conta da opressão.

São muitos os que buscam os ativistas para pedir socorro, não apenas por conta da religião, mas por conta das agressões relacionadas à diversidade sexual, à violência de gênero, social, étnico-racial, cultural, ambiental, enfim, toda uma gama de situações que atualmente sofremos e que juntos podemos resistir e superar.

A história recente do Paganismo Moderno tem exemplos muito fortes de resistência, como o caso das Bruxas inglesas que comandaram um ritual coletivo para impedir que a Inglaterra fosse invadida durante a Segunda Guerra Mundial, ou a fantástica resistência da grande e aclamada Sacerdotisa e ativista ecofeminista e ambientalista Starhawk, nos anos de 1970, colocando-se contra a construção de usinas nucleares nos Estados Unidos e até hoje atuando em causas ambientais. Ainda neste país, tivemos o Bruxo Doutor Leo Louis Martello, um grande ativista pelos direitos LGBTQIA+s e que fundou uma organização dedicada à campanha pelos direitos religiosos das Bruxas, a Liga Antidifamação de Bruxas, a WADL (Witches Anti-Defamation League), em 1970, posteriormente renomeada como Rede de Educação de Religiões Alternativas (AREN). Para a WADL, ele escreveu um ensaio intitulado "O Manifesto das Bruxas". Não podemos deixar de mencionar Eddie Buczynski, fundador da Minoan Brotherhood, à frente da Revolução de Stonewall, lutando ao lado de tantas pessoas sem as quais o mundo hoje talvez fosse um lugar muito diferente.

Bruxos também têm se reunido em organizações para lutar pelos seus direitos. Associações como a Pagan Federation, criada no Reino Unido, em 1972; a OBOD (Ordem dos Bardos, Vates e Druidas), fundada em 1964, também no Reino Unido, tendo Ross Nichols como líder e a Ásatrúarfélagið (participantes da Associação Ásatrú), criada por Sveinbjörn Beinteinsson em

1972, na Islândia, entre tantas outras, surgiram com o intuito de dar apoio à comunidade Neopagã ao redor no mundo

Aqui no Brasil tivemos a ABRAWICCA (Associação Brasileira de Arte e Filosofia da Religião Wicca), cocriada e cofundada ainda no final dos anos de 1990, pelo escritor e Sacerdote Claudiney Prieto, que visava apoiar a comunidade Wiccaniana com ritos públicos e assistência jurídica.

Nos Estados Unidos surgiu a celebração do Dia do Orgulho Pagão, que pode ser rastreado desde o ano de 1993 e que hoje se espalha pelos cinco continentes. No Brasil, a celebração deste importante dia é atualmente coordenada por mim e pela Sacerdotisa Carol Luanin, e completou, em 2021, aqui em São Paulo, 20 anos de celebrações, sendo interrompida presencialmente somente em 2020, devido à pandemia do Coronavírus, mas realizada de forma virtual.

Neste rol de movimentos Pagãos importante temos, também o Dia Mundial da Deusa, mais uma idealização de Claudiney Prieto, celebrado por mais de uma década em diversos países do mundo.

No Brasil contamos, ainda, com o Conselho Brasileiro de Druidismo e Reconstrucionismo Céltico, que reúne os principais grupos de práticas relacionadas às religiosidades celtas e que organiza diversos encontros regionais e nacionais.

Não obstante, ainda temos trabalhos importantes de resgate e cura do Sagrado Feminino, desenvolvidos por incríveis Sacerdotisas e cultuadoras da Deusa Mãe. Dentro deste escopo, podemos destacar as atividades de Soraya Mariani e o seu coletivo de mulheres, chamado Ciranda da Lua, e o trabalho precursor desenvolvido pela saudosa Mirella Faur[7], que formou grande parte das guardiãs de Círculos de Mulheres no Brasil.

---

7 Mirella Faur, escritora pioneira no resgate do Sagrado Feminino, faleceu no ano de 2021.

Hoje há diversos trabalhos públicos de relevância desenvolvidos por grupos e tradições Wiccanianas, druídicas, praticantes da Espiritualidade da Deusa, tradições afro-brasileiras, culturas nativas, enfim, uma enorme quantidade de pessoas engajadas em trabalhar não apenas como profissionais, mas como agentes espirituais de cura, transformação e mudança do Planeta, país, cidade e ou da localidade onde habitam.

Isso, de certa forma, atende uma máxima celta que deveria ser revista por todas as espiritualidades que lutam e defendem a Terra como o corpo sagrado da Mãe, criadora e fonte de toda vida, berço divino da Criação:

Primeiro curamos a nós mesmos, depois curamos o próximo e enfim curamos o mundo.

Precisamos buscar inspiração nessa luta, nessa resistência, nessa militância para continuarmos a acreditar que é possível celebrar nossos Deuses e Deusas, os espíritos da natureza, nossos ancestrais, com liberdade, respeito e autonomia, sem precisar sentir medo, sem precisar buscar nas autoridade a segurança por termos a certeza de que a legalidade e o Estado de Direito nos amparam e que nossa cidadania é, acima de tudo, respeitada como um dos princípios mais sagrados dos Direitos Humanos, que é o livre exercício da fé, da crença religiosa e do amor.

Temos mais coisas que nos unem do que nos separam. Unidos somos mais fortes.

E assim, resistimos, persistimos e venceremos!

APÊNDICE

TABELA DE CORRESPONDÊNCIA DOS 4 ELEMENTOS

TERRA
Matéria física sólida: mineração, o solo e tudo o que está sob ele.
Qualidades: fresco e seco
Signos: Touro, Virgem e Capricórnio
Instrumento Mágico: Pentáculo
Ponto Cardeal: Norte
Vibração: feminina
Cor: marrom, verde, preto
Ervas: cevada, cavalinha, mandrágora, patchouli, carvalho, cedro
Partes do corpo: partes sólidas, ossos e músculos
Animais: répteis, minhocas, todos os animais que rastejam
Estação: outono
Elementais: gnomos

AR

MATÉRIA FÍSICA gasosa: a atmosfera, os ventos e o clima
QUALIDADES: quente e úmido
SIGNOS: Gêmeos, Libra e Aquário
INSTRUMENTO Mágico: Athame
PONTO CARDEAL: Leste
VIBRAÇÃO: masculina
COR: amarelo, branco
ERVAS: alecrim, jasmim, bálsamo
PARTES DO CORPO: pulmões, sistema nervoso
ANIMAIS: pássaros, borboletas, todos os animais que voam
ESTAÇÃO: primavera
ELEMENTAL: silfos

FOGO

ENERGIA FÍSICA: calor e luz
QUALIDADES: quente e seco
SIGNOS: Áries, Leão e Sagitário
INSTRUMENTO MÁGICO: Bastão
PONTO CARDEAL: Sul
VIBRAÇÃO: masculina
COR: vermelho, laranja, dourado
ERVAS: louro, cedro, olíbano, sálvia
PARTES DO CORPO: sangue, articulações
ANIMAIS: peçonhentos, com ferrões ou agulhões
ESTAÇÃO: verão
ELEMENTAL: salamandras

ÁGUA

Matéria Física líquida: oceanos, lagos, rios e córregos
Qualidades: fresco e úmido
Signos: Câncer, Escorpião e Peixes
Instrumento Mágico: Cálice
Ponto Cardeal: Oeste
Vibração: feminina
Cor: azul, verde, prata
Ervas: lírio, lavanda, musgo, rosas
Partes do corpo: aparelho reprodutor, sistema linfático e urinário
Animais: peixes, mamíferos e todos os animais que vivem sob ou sobre a água
Estação: inverno
Elemental: ondinas

PENTAGRAMA DE INVOCAÇÃO E BANIMENTO

INVOCAÇÃO   **BANIMENTO**

ESPIRAL DE INVOCAÇÃO E BANIMENTO

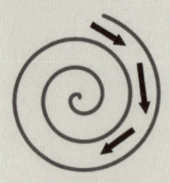
INVOCAÇÃO

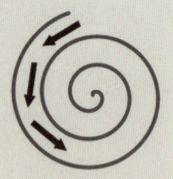
BANIMENTO

HEPTAGRAMA (ESTRELA DOS ELFOS OU DAS FADAS) DE INVOCAÇÃO E BANIMENTO

INVOCAÇÃO

BANIMENTO

BIBLIOGRAFIA

ACOSTA, Alberto, *O Bem Viver*, Editora Elefante, 2019.

BOFF, Leonardo, *Tempo de Transcendência, o ser humano como um projeto infinito*, Editora Sextante, 2000.

_____, Espiritualidade, *um caminho para a transformação*, Editora Sextante, 2001.

_____, Fundamentalismo, *a globalização e o futuro da humanidade*, Editora Sextante, 2002.

BOOKCHIN, Murray, *Municipalismo Libertário*, Editora Imaginário. 1999.

BROWN, Dee, *Enterrem meu Coração na Curva do Rio*, Editora L & PM Pocket, 2003.

BUCKLAND, Raymond, *O Livro Completo de Bruxaria*, Editora Pensamento. 2019

CASCUDO, Câmara, *Contos Tradicionais do Brasil*, Editora Global, 2001.

_____, *Geografia dos Mitos Brasileiros*, Editora Global. 2002.

COLL, Josefina Oliva de, *A Resistência Indígena*, Editora L&PM Editores, 1986.

CUNNINGHAM, Scott e HARRINGTON, David, *A Casa Mágica*, Editora Gaia, 1999.

CUNNINGHAM, Scott, *Magia Natural – Rituais e Encantamentos da Tradição Mágica*, Editora Gaia, 1997.

FARRAR, Janet & Stewart, *A Bíblia das Bruxas*, Editora Alfabeto, 2017.

_____, *O Deus das Bruxas*, Editora Alfabeto, 2018.

_____, *A Deusa das Bruxas*, Editora Alfabeto, 2018.

GRIMASSI, Raven, *Mistérios Wiccanos*, Editora Gaia, 2000.

_____, *Bruxaria Hereditária*, Editora Gaia, 2003.

JECUPÉ, Kaká Werá, *A Terra dos Mil Povos – História Indígena do Brasil contada por um índio*. Editora Fundação Petrópolis, 1998.

_____, *Tupã Tenondé – A criação do Universo, da Terra e do Homem segundo a Tradição Oral Guarani*, Editora Peirópolis, 2001.

_____, *Trovão e o Vento – um caminho de evolução pelo xamanismo tupi-guarani*. Editora Polar, 2017.

KRENAK, Ailton, *Ideias para adiar o Fim do Mundo*, Editora Companhia das Letras. 2020.

_____, *O Amanhã não está à venda*, Editora Companhia das Letras, 2020.

_____, *A Vida Não é Útil – Ideias para salvar a humanidade*, Editora Companhia das Letras. 2021.

LOPES, Flávio, *Bruxaria Solitária, práticas de Wicca para guiar seu próprio caminho*, Editora Alfabeto, 2020.

LOVELOCK, James, *Gaia, um novo olhar sobre a vida na Terra*, Editora Edições 70, 2020.

_____, *Gaia, Cura para um Planeta doente*, Editora Cultrix, 2006.

_____, *Gaia, Alerta final*, Editora Intrínseca, 2010.

_____, *A vingança de Gaia*, Editora Intrínseca, 2020.

MATTHEWS, John, *Xamanismo Celta*, Editora Hi-Brasil, 2000.

PRIETO, Claudiney, *Coven – Rituais e Práticas de Wicca Para Grupos*, Editora Alfabeto, 2020.

_____, *Todas as Deusas do Mundo*, Editora Alfabeto, 2002.

_____, *Wicca, a Religião da Deusa*, Editora Alfabeto, 2015.

RUSSEL, Jeffrey B. e ALEXANDER, Brooks, *História da Bruxaria*, Editora Aleph, 2008.

STARHAWK, *A Dança Cósmica das Feiticeiras*, Editora Pensamento, 2021.

_____ *Quintessência Sagrada*, Editora Record, 1995.

_____*The Earth Path: Grounding Your Spirit in the Rhythms of Nature (English Edition)*, Editora HarperCollins Publishers Inc., 2013.

WILLIANS, Mike, *O Espírito do Xamã – Magia, Filosofia e Espiritualidade em Harmonia com a Natureza*, Editora Alaúde, 2013.